第1章

1秒で使える大人の四字熟語

さらりと会話の中に四字熟語を入れながら話ができたら――。
教養と知性溢れる人なのだという印象にかわるでしょう。
とはいえ、あまりにも無理やり感があると鼻につきます。
四字熟語のスマートな使い方をフレーズごとマスターしてしまいましょう。
イラストと一緒なら1秒で覚えられるかも!?

まもなく
新入社員が配属されると、
君は先輩になるわけだから、
ぜひとも率先垂範を
心掛けてくれたまえ
ハイ!!
返事だけは
いいな君は

率先垂範【そっせんすいはん】

人に先んじる「率先」に、模範を示す「垂範」。先頭に立って行動し、手本を示すこと。

憧れの先輩になるか、それとも「あんなふうにだけはなるな」と後ろ指をさされる「反面教師」となるか……。ともあれ「率先垂範」をクリアできなければ、部下を率いてビジネス戦略を実行する「陣頭指揮」は夢のまた夢。

ここでも使える！

・上の人の行動をたたえるとき
「上司は私の率先垂範となって仕事を教えてくれました」
・リーダーシップを褒めるとき
「率先垂範となって良くやってくれた！」

企画書をまとめるのに**四苦八苦**で……。
ところで、**四苦八苦**って
なんだか言える？

四苦八苦【しくはっく】

「そんな雑談してるから、企画書がまとまらないんだよ！」という突っ込みは置いておいて。「四苦」とは、生苦・老苦・病苦・死苦。「八苦」になると、四苦＋愛別離苦（あいべつりく）・怨憎会苦（おんぞうえく）・求不得苦（ぐふとくく）・五陰盛苦（ごおんじょうく）。

企画書ができないどころではない、人生の深い苦悩のコレクション。

こんな言い換えも！

・七難八苦　しちなんはっく
・千辛万苦　せんしんばんく
・悪戦苦闘　あくせんくとう
・艱難辛苦　かんなんしんく

調べに調べ、練りに練った
見積もりだけど……
いよいよ入札当日を
迎えた今は、
乾坤一擲の境地だよ
運気アップの
数珠も買ったの
うーん

乾坤一擲【けんこんいってき】

「乾坤」とは「天地」、「一擲」はサイコロを一度投げることを意味する。天下をかける大勝負を、運を天に任せてサイコロを振る……。

ビジネスで口にするときには、綿密な下準備のうえの勝利を確信して用いないと、失敗したとき「運任せとは何事！」と大目玉を食らう。

こんな言い換えも！

・一六勝負　いちろくしょうぶ
・一擲乾坤　いってきけんこん

働き蟻の２割は
〝ほぼ働かない蟻〟というけど、
蟻の世界も人と同じで
能者多労なんだなぁ

能者多労【のうしゃたろう】

「能力のある人はたくさん仕事を任されてしまうから、能力のない人よりも苦労が多い」……誰もが納得の四字熟語。

自分が「能者」で「多労」するとき、「なんで自分ばっかり」と愚痴りながら残業するか、「スキルアップの好機！」と目に闘志を秘めて事に当たるか。選択いかんで能者は愚者になる。

ここでも使える！

・ねぎらうとき

「遅くまでおつかれさま。能者多労ですね」

・励ますとき

「その苦労はできる証。能者多労ってことだ」

片思いからスタートして、
5年目にしてやっと初デート！
大袈裟じゃなく、
今日の日を**一日千秋**の
思いで待っていたよ

このジャケットも
5年ごしに着れるよ
新調しなさいよ

一日千秋【いちじつせんしゅう】

この言葉の誕生を探ると、紀元前九〜七世紀に編まれた中国最古の詩集『詩経』にある「一日見ざれば三秋のごとし」から「一日三秋（いちじつさんしゅう）」が生まれたのが発端。そこからさらに「一日千秋」となり、秋が三年分から千年分に激増、「待ち遠しさ」がヒートアップした。

ここでも使える！

・悲しさを伝えるとき
「仕事が入っちゃった。一日千秋の思いで待ってたのに〜」
・待ちわびている様子を伝えるとき
「旅行に行くのが楽しみ過ぎ！　その日まで一日千秋だ」

会うとケンカばかりだけど、
会わないと
寂しくてたまらなくて……
やっぱりあなたは
唯一無二の存在なの

唯一無二【ゆいいつむに】

英語にすると“The one and only”。他に代わるものなどない、他に比べられるものがない、世界中探しても一つしかない。それだけ貴重な価値を有する人・物・時など。

類する言葉に「唯一不二（ゆいいつふじ）」「無二無三（むにむさん）」が。対義語は「有象無象」……どうでもいいその他大勢。

ここでも使える！

・自分の宝物を紹介する
「母の作る料理は唯一無二のおいしさです」
・人物のすばらしさを伝える
「彼の仕事の速さは唯一無二といえる」

君といるとうれしくて
楽しくて……いつもずっと
この時間が続けばいいと
思っている。
こんな気持ちをきっと
落花流水の情って
言うんだね

落花流水【らっかりゅうすい】

はらりと落ちた花が流れる水に浮かび、「このままずっと流れていたい」と望み、流れる水は花を浮かべてせせらぎながら、「このままずっと浮かべていたい」と願う。思い思われ・相思相愛・蜜月……誰もが欲する愛の形を、日常の何気ない景色に見出した古人の高い美意識に敬服。

マメ知識

小説や映画のタイトルなどでも使われることが多い。酒の名前や曲名としても存在する。

愛及屋烏のあまり、
彼の金使いの粗さまで
男らしさと思いこもうと
している自分に、
ちょっと怖さを感じてる

愛及屋烏【あいきゅうおくう】

あなたは大好きな人の家の屋根にとまっているカラスを見て、「あのカラスまで愛しい！」と身もだえしたことがありますか？

この質問に「はい！」と答えた方は、盲愛・溺愛を意味する「愛及屋烏」の経験者。

男女間の愛情以外にも、熱烈なファン心理などでも使用可の表現。

マメ知識

出典は「尚書大伝」の『武成』にみることができる。「愛、屋烏に及ぶ。其の人を愛する者は屋上の烏を兼ね、その人の憎む者はその余胥を憎む、怒りは水中の蟹にも移り、愛は屋上の烏にも及ぶ」

ほんと君って
〝歩く百科事典〟だよね。
何を聞いても答えてくれるし、
説明もわかりやすいしで、
まさに**益者三友**だ！

益者三友【えきしゃさんゆう】

付き合って損なしの有益な友人のこと。すなわち、正直な友「直」、誠実な友「諒」、博識な友「多聞」。

逆に、付き合っても時間の無駄な友人を「損者三友」といい、うわべだけ「便辟（べんぺき）」、媚びるだけ「善柔」、口先だけ「便佞（べんねい）」の最悪な三点セット。二語を合体させ、「益者三友損者三友」として使われることも。

ここでも使える！

・友だちの大切さを伝える
「あなたは益者三友を持っているよね。大切にしないとね」

繊細なあなたと
大ざっぱな私って、
氷炭相愛っていうの？
足して二で割ると
ちょうどいいから、
ずっと友人なんだろうね

氷炭相愛【ひょうたんそうあい】

割合よく見かける、「あんなに性格が違う二人がなぜ親友？」という組み合わせにピッタリの言葉。

赤々とおこる炭に氷を投じると、炭火の熱が氷を溶かして水になり、水が炭火の炎を鎮めて燃え尽きるのを防ぐ。このように、互いが本来の姿かたちに戻しあうことから、相反しているのに互いを助け合う友人同士を表現。

ここでも使える！

・仲のいいカップルに
「すぐ別れると思ったけど、氷炭相愛だったみたいね」
・驚きのカップルに
「まるで美女と野獣！　氷炭相愛、ありえない組み合わせ！」

君の家で、久しぶりに
酒を酌み交わせて
うれしかったよ。
金亀換酒のおもてなし、
ほんとうありがとう！

金亀換酒【きんきかんしゅ】

「金亀」は亀の形をした金の装飾品。高価で大事なものの象徴で、そんな貴重品を売って酒を買い、大切な友をもてなすこと。

ちなみに、自分のことをよく知り、大切に扱ってくれる親友は、「知己朋友（ちきほうゆう）」。ケンカ知らずの気持ちがピッタリ合う友人は「莫逆之友（ばくぎゃくのとも）」。

あなたは私にとって、
高山流水とも
呼べる親友よ。
二人で過ごした高校時代は
今も人生の宝物だわ

高山流水【こうざんりゅうすい】

「最大の理解者である親友」の意味とともに、「絶妙な演奏や音楽」「人の手が加わらない自然」を表現する四字熟語でもある。
琴の名人が高い山をイメージして演奏すると、それを聞いた友人が「まるで山が見えるようだ」と感じ入り、川を思い奏でると「川が目の前に！」と感嘆したという故事に由来。

ここでも使える！

・演奏をほめるとき
「彼の演奏は高山流水。感動して涙する人も！」
・自然を表現するとき
「小笠原は高山流水。大自然が広がっています」

この料理サークルは
既婚女性の会員ばかりですが、
個々の家庭事情にむやみに
踏み込まず、
不即不離のお付き合いを
お心がけいただければと
存じます

不即不離【ふそくふり】

「即」は、くっつくことを意味し、「不即不離」を読み下すと「つかず離れず」。互いの関係が深くなりすぎることなく、かといって離れすぎて冷たすぎもせず、ちょうどよい関係にある状態。「不離不即（ふりふそく）」とも。

部活のOB会、
これでお開きだってさ。
先輩たちは**三三五五**
帰っていったけど、
僕たち同期生だけで
二次会に行かないか？

三三五五【さんさんごご】

「一斉にそろって」ではなく、「あっちに三人、こっちには五人」と、パラパラと散らばって行動している様子を表す四字熟語。解散だけでなく、集合している場合にも用いる。

このほか、漢数字だけの四字熟語に「万万千千（ばんばんせんせん）膨大な数のたとえ」がある。

ここでも使える！

・集合を伝える
「くだけた会なので、三三五五集合いただいて大丈夫です」
・進め方を伝える
「三三五五、練習にとりかかる感じで」

本日は私の
独立開業パーティーに
お集まりいただき、ほんとうに
ありがとうございます！
粗酒粗餐でございますが、
どうぞお召し上がりください
さすが医者…
ロマネコンティだよコレ

粗酒粗餐【そしゅそさん】

ほんとうに文字どおりの「質素な酒や粗末な食事」を指すわけではなく、心を込めて用意したおもてなし料理やとっておきの酒を並べたテーブルを前にして、その席の主催者が口にする謙遜のひと言。なので、実態は対義語の「肥肉厚酒（ひにくこうしゅ）」である場合が普通。

こんな言い換えも！

・粗酒粗肴　そしゅそこう

すごいお料理！
……お相手探しに苦労なさった
ご長男の結婚披露宴だから、
社長はうれしさのあまり
椀飯振舞なさったのね

椀飯振舞【おうばんぶるまい】

椀に盛った飯を「椀飯（わんばん）」といい、「わうばん」、さらに「おうばん」と音変した。「大盤振舞」と表記することもあるが、これは当て字。江戸時代、お正月に一家の当主が親戚や縁者を招いて催した宴席が語源。そこから、ごちそうや金品などを気前よく他人に差し出すことを意味するようになった。

ここでも使える！

・人を紹介するとき
「誰にでも椀飯振舞できる器の大きい方だ」
・反省するとき
「気前よく椀飯振舞しすぎてしまった！」

田園調布で育ったというと
乳母日傘と
思われるかもしれませんが、
古い社宅育ちですので
あしからず

乳母日傘【おんばひがさ】

乳母が背中に幼児を背負って、直射日光が当たらないように日傘をさしかけて、やさしくあやしている……。

そんな幼児はきっと、高貴な生まれか大金持ちのご子息。庶民の香りは皆無だが、中産階級の子どもであっても、乳母に託すがごとく大事に大事に育てられたお子さまのことは「乳母日傘」で正解。

長年趣味だったお菓子作りを極めたくて……会社を中途退職して、無位無官の身で修行中なんです
試作品どうです？
大丈夫です

無位無官【むいむかん】

人さまに誇るほどの地位もなければ、肩書もないこと。「庶民」を意味することもある。注意しなくてはいけないのは用い方。「無位無官」は、自ら発する言葉であることが大事で、他人から「あなた、今は無位無官なんですって？」などと言われた時には、言った本人に悪気が無くてもその場の空気が凍ること必至。

ここでも使える！

・褒めるときに
「派閥を嫌い、無位無官だが、彼の技術は天下一だよ」
「彼はまだ無位無官だが、すぐにでも引き上げられるだろう」

最近、保存食づくりに凝っておりまして、この味噌も私が仕込みました。ぜひ私の〝手前味噌〟をご賞味ください
なんと無発酵!!
じゃあミソじゃないわよ

手前味噌【てまえみそ】

自分で作った味噌が「手前味噌」。わが家で仕込んだ味噌は、ことのほか美味に感じることから、「自分で自分のことを褒めること」をさす言葉。

ビジネスで使うなら、自社製品などの紹介に用い、「この商品はわが社の主力商品であり、手前味噌ながら業界トップの売り上げを誇っております」など。

こんな言い換えも！

・自画自賛　じがじさん

四十不惑って言いますが、私自身は四十代で仕事を辞めて、もう一回大学に入り直したので当てはまらないようでして……
惑いまくりですね
専門学校と迷ったんですけどね

四十不惑【しじゅうふわく】

儒教の祖・孔子は、「十五志学（じゅうごしがく）」で十五歳から学問を志したが、四十歳のときに自らの学問に自信が持てるようになり、「この道で間違いない！」と確信したのだとか。

孔子が生きた紀元前の四十歳の成熟度とは異なり、人生百歳時代の現代は、「四十志学」なのかも。

ここでも使える！

・意思表明する
「四十不惑。もう意見に左右されるのはやめようと思う」

一から十の数字が入っている四字熟語

数字の使いこなしは四字熟語の深い味わい

一時名流 【いちじ(の)めいりゅう】	「一時」＝その時、その時代。ある時に優れた能力があり、名を知られている人。
二河白道 【にがびゃくどう】	仏教の世界観で、極楽往生への道をさす。「二河」は、怒りの火の河と貪欲の水の河のこと。
三百代言 【さんびゃくだいげん】	「三百」＝三百文＝低価値。「代言」＝弁護士。なんの根拠もなく適当な話で人をだますこと。
四海兄弟 【しかいけいてい・しかいきょうだい】	「四海」＝四つの方向の海＝全世界。「真心と礼儀をもって人と接すれば、兄弟のように親しくなれる」の意。
五風十雨 【ごふうじゅうう】	農耕に適した気候＝五日ごとに風が吹き、十日ごとに雨が降る。または、太平の世のたとえ。
六菖十菊 【りくしょうじゅうぎく・ろくしょうじっぎく】	五月五日の端午の節句には菖蒲を、九月九日の重用の節句には菊を飾るのが、五月六日の菖蒲、九月十日の菊では役に立たない。
竹林七賢 【ちくりん(の)しちけん】	人里離れた竹林でハイレベルな議論を交わした七人の隠者の故事から、隠れ隠者として暮らしている人のこと。
岡目八目 【おかめはちもく】	当事者よりも、周囲からその様子を見ている人のほうが、正確に事態を把握し判断できるということ。
九鼎大呂 【きゅうていたいりょ】	九「鼎」＝古代中国の金属製の器、大「呂」＝鐘。大変価値があり、非常に珍しい物のたとえ。
駑馬十駕 【どばじゅうが】	「駑馬」＝足の遅い馬。無才と思われる人でも、きちんと努力をすれば才人と肩を並べることができる。

第２章

１秒で読める四字熟語

ぼんやりと思い浮かぶんだけど不確か…。読めそうで読めない…。
そんな、読み方があやしそうな四字熟語ばかりを集めました。
パッと見て声に出して答えることができるでしょうか？
ぜひ一秒で答えてみて下さい。

魯魚章草

……………………………………【ろぎょしょうそう】

「文字の書き間違い」や「間違いやすい文字」の意。「読んで字のごとし」ではなく「ごらんのとおり」の四字熟語で、「魯」と「魚」、「章」と「草」が例に上がっている。同じような戒めの熟語に「烏焉魯魚（うえんろぎょ）」「魯魚亥豕（ろぎょがいし）」「三豕渡河（さんしとか）」などが。

使い方

「姉だから言うけど、あなたの年賀状〝元旦〟の字が〝元且〟だったよ。せっかくていねいな手書き年賀状なんだから、**魯魚章草**には注意してね」

巳己已己

……………………………………【いこみき】 ×みみみみ

「お互いに似ているもの」をたとえたという四字熟語だが、何度も目をこすって確認したくなる。「已（い）」は「すでに」「～のみ」、「己（こ・き）」は、「自分」「つちのと（干支の十干）」、「巳（し・み）」は「へび（十二支の六番目）」と、それぞれ音と意味は異なる。

使い方

「企画見せてもらったけど、昨年の社内コンペで優秀賞を取ったプランと**巳己已己**で、オリジナリティが全くないね」

天神地祇

【てんじんちぎ】 祇…○ぎ ×し

「天神地祇」は「天（あま）津神と国津神」つまり、天と地の神、すべての神々の意味。「祇」は日常生活であまり見ない字で、おなじみの「紙」と見誤って「し」の音を選ぶ場合が多いので気をつけたい。

ちなみに「祇（ぎ）」は「土地の神」を表し、「天の神」に対する言葉。

使い方

「何度も挫折したし、信じてもらえないかもしれないけれど…。今度こそ、もう絶対にタバコは吸わない！ **天神地祇**に誓って！」

旗幟鮮明

【きしせんめい】 幟…○し ×しょく

「旗幟鮮明」の「旗幟」は旗と幟（のぼり）の意味から転じて、主義主張・持論を指す。この「幟」は一見、職業の「職」に似ているため、「きしょくせんめい」と読み間違うことが。

なお類義語には「一目瞭然（いちもくりょうぜん）」「明明白白（めいめいはくはく）」「灼然炳乎（しゃくぜんへいこ）」など。

使い方

「**旗幟鮮明**とさせることが有能なビジネスマンに思えるかもしれないが、玉虫色のまま物事を進めるのも戦略のひとつだよ」

一言居士……………………【いちげんこじ・いちごんこじ】 ×いちげんきょし

「いちごんこじ」はセーフだが、「いちげんきょし」はアウト。ともかく最後まで黙っていられない、何か一言言わずにいられない人のこと。「居士」は「成人男子の戒名の下に付ける称」や、「仏教に帰依した在家男子」の意味があるが、この場合は「〜のような気質の男」を表す言葉。

使い方 「部長！　会議終了時間ギリギリになって、**一言居士**のようで気が引けますが、一言発言をお許しいただけるなら反論がございます」

物見遊山…………【ものみゆさん】 ×ぶっけんゆうざん ×ものみゆうさん

「物見」は見物、「遊山」は野山に遊びに行くこと。

ちなみに大いに楽しむことを「盤楽遊嬉（ばんらくゆうき）」、勝手気ままな旅行となると「諸国漫遊（しょこくまんゆう）」「弥次喜多（やじきた）」……ワーキングマザーにとっては夢のような四字熟語。

使い方 「毎日毎日、家から保育園、保育園から職場、職場から保育園、分単位でこの往復の繰り返し！　たまには時間を気にせず一人で**物見遊山**に行きたいわ……」

大言壮語 ……【たいげんそうご】 ×だいごんそうご

ビッグマウス、大ぼら、実力以上に大きく言う、うそぶく……あまりよい意味では使われない四字熟語。

大言壮語は「吐く」のが一般的で、「吹く」「吠える」はあまり使用しない。

類語に「放言高論（ほうげんこうろん）」「針小棒大（しんしょうぼうだい）」など。

使い方　「**大言壮語**を吐くのもいいけど、私たちがあなたに期待しているのは有言実行どころか、無限実行なのよね！」

人身御供 ……【ひとみごくう】 ×じんしんおとも ×ひとみおとも

「人身供犠（じんしんくぎ）」とも。神にいけにえとして捧げる人。ここから転じて、誰かの欲望のために犠牲になる人のこと。

「人身」は、人の体。「御供」は、神仏への供物、おそなえ。冗談交じりに表現しないと洒落にならないので要注意。

使い方　「申し訳ない！　これから僕と一緒に**人身御供**になって、クライアントのカラオケ接待、盛り上げてくれ〜！」

去年今年 ……………………………【こぞことし】 ×きょねんことし

季語の一つであり、『源氏物語』に書き記された古い表現でもある。「去年と今年」という意味のほか、「1月1日の午前0時になったとたん、去年から今年に切り替わること」も。

虚子の名句「去年今年貫く棒の如きもの」でも知られる四字熟語。

使い方

「成人すると一年があっという間と言うけれど、残り10秒で新年かあ……まさに**去年今年**の瞬間だな」

知行合一 ……………………………【ちこうごういつ】 ×じぎょうごういち

十五〜十六世紀の中国の儒学者・王陽明（おうようめい）が唱えた思想で、「知識と行為とは一体で、本当の知識は常に実践を伴う」ことを意味する。

明治維新の立役者らが集った松下村塾には、「知行合一」の掛け軸があったとか。

使い方

「ビジネス書を何冊精読しても、それだけじゃ足りないんだ。**知行合一**あってこそ、真のビジネスマンとして認められるんだよ」

左見右見……………………【とみこうみ】

「と」は「そのように」、「こう」は「このように」で、漢字は当て字。そのように、このように見るということで、あっちを見てこっちを見て様子をうかがうこと。

類義語に「右顧左眄（うこさべん）」。また、同じように当て字とされる四字熟語に「遮二無二（しゃにむに）」「無茶苦茶（むちゃくちゃ）」などが。

使い方　「いくら緊張しているからって、転職の面談のときに**左見右見**するとか、貧乏ゆすりなんてしないでね」

平等平等……………【へらへいとう・へらへいと】　×びょうどうびょうどう

文字の示す通り、すべてが同じ状態、区別なし、等し並み。「平平等」とも書く。ほかに二字熟語を繰り返す四字熟語に「五分五分（ごぶごぶ）」など。

同じ字を畳みかける方式なら「虚虚実実（きょきょじつじつ）」「是是非非（ぜぜひひ）」など多数。

使い方　「わが社の昇進条件は男性・女性にまったく関係なく、**平等平等**、能力でもって評価いたします」

● 読む ― よく目にするけれど、声に出すと自信がない

有象無象 【うぞうむぞう】 × ゆうぞうむぞう

世の中にはごまんとある、どうだっていい無価値なもの。ろくでなしの集団。
類義語は「烏合之衆（うごうのしゅう）」「平平凡凡（へいへいぼんぼん）」など。またもうひとつの意味に「形あるもの・ないものすべて」があり、こちらは同義語に「森羅万象（しんらばんしょう）」。

使い方

「所長がなぜ勤続三十年の私の意見を無視し、企業再生請負人なんていう**有象無象**の輩の提案を採用するのか。私には理解できません」

人事不省 【じんじふせい】 × じんじふしょう

ケガや病気が重篤で、意識不明の昏睡状態になること。「人事」は「人間の五感が正常に動いていること」、「不省」は「省みない」。この「不省」が「不肖」と混同されて「ふしょう」の読み間違いを起こしていると考えられ、ある調査ではこの四字熟語が正しく読まれたのは4割ほどだったとか。

使い方

「みなさん、先日ご自宅で倒れられた専務ですが、一時は**人事不省**に陥られたものの、今は意識が回復され、お話しできるまで快復なさったそうです」

唯々諾々

【いいだくだく】×ゆいゆいだくだく

俗な表現でいうと「イエスマン」。「唯」「諾」は両方、返事の言葉「はい」のことで、なんでも「はいはい」「おっしゃるとおり」と相手の言葉にうなずくことを表す四字熟語。

類義語に「百依百順（ひゃくいひゃくじゅん）」。対義語は「不承不承（ふしょうぶしょう）」。

使い方

「いくら大先輩の転職先からの注文だからといって、こんな破格の取引条件を出されて**唯々諾々**と承知する営業マンがいるか！」

人間青山

【じんかんせいざん】×にんげんあおやま

「人間」を「じんかん」と読む、テストによく出てくる四字熟語。

もともとは「人間至る処青山有り」。「人間」は世間・世の中、「青山」は墓所や死に場所のこと。

「広い世の中、どこにだって骨を埋められるのだから、故郷を飛び出してでもがんばって活躍しなさい」という教え。

使い方

「海外赴任をためらうなんてもったいない！　もう一回考えてみたら？　『**人間青山**』の言葉をかみしめてさ」

四方山話 ……………【よもやまばなし】×しほうさんわ

「四方山話」とは世間話のこと。「四方山」は、「よもやも（四方八方）」の音が変化したといわれ、世間のさまざまを指す言葉。

また「四方山話」は政治の議論や哲学を語ることではなく、明るく楽しく、どちらかというと軽めの話題が対象になる。

使い方

「女三人寄れば姦しい、というけれど、女子高時代の同級生のあなた方に会ったら、**四方山話**に花が咲いてしまって終電を逃しそうよ！」

多士済々 ……………【たしせいせい】×たしさいさい

優れた人材が集まること。日本の漢字の読み方は、呉音・漢音・唐音などに区別される。「済」は、「さい」（呉音）、「せい」（漢音）の音があるが、「多士済々」の場合「たしせいせい」が従来の読み方。しかし近年、「たしさいさい」の誤読が広まったことで、正誤の逆転現象が起きつつある。

使い方

「御社の開発チームは**多士済々**であられるから、従来品を凌駕するシステムを生み出してくださると確信しております」

一念発起

……【いちねんほっき】✕いちねんはっき

何かを達成しようとして、強い意志をもつこと。元々仏教に由来する言葉で、「一念発起菩提心（ぼだいしん）」の略で、仏教に帰依し、菩提（悟りの境地）に向かうべく奮起すること。ただし実行しないと、「有口無行（ゆうこうむこう）」、「大言壮語（たいげんそうご）」のそしりは免れない。

使い方
「子育ても一段落してやっと自由な時間ができましたので、**一念発起**いたしまして看護師を目指しております」

順風満帆

……【じゅんぷうまんぱん】✕じゅんぷうまんぽ

「順風」は追い風、「満帆」は帆が風をいっぱいにはらんでいる状態で、すいすい船が進む様子から「なんの障害もなく、順調に物事が進むこと」。

ちなみに、すいすい出世するのは「春風得意（しゅんぷうとくい）」、さくさく物事を処理することは「円滑洒脱（えんかつしゃだつ）」。

使い方
「今までの人生が**順風満帆**なのは、たまたま名家に生まれたからだとわかっているから、自主独立を目指しているんだ」

温古知新

「おんこちしん」正しいのはどっち？

温故知新

「ふるきをあたため（たずね）、あたらしきをしる」。

この訓読から、「ふるき」＝「古い」＝「温古知新」と勘違いする書き間違えが絶えない。小学校で学ぶおなじみの四字熟語であるとともに、多くの会社の社訓に採用されている。類語に「覧古考新（らんここうしん）」など。

使い方

「最先端のメソッドを学ぶ前に、**温故知新**の言葉にならい、先人が残した原理原則をもう一度おさらいすることを勧める」

厚顔無知

厚顔無恥

「こうがんむち」正しいのはどっち？

「厚顔」は「面の皮が厚い」、文字どおり厚かましくずうずうしい様子。

「無恥」は「恥知らず」。「無知」ならば、物の通りを知れば行動が改まる可能性があるが、よろしくないとわかっていながら、得手勝手なご都合主義でやりたい放題の場合は、方向転換できるかどうか……。

使い方

「**厚顔無恥**はね、物を知らない人って意味じゃなくて、知っていたとしても自分の都合でゆがめて、恥ずかしげもなく自分勝手な行動をする人のことよ！」

社交辞令

社交辞礼

「しゃこうじれい」正しいのはどっち？

英語で「リップサービス」、あくまで社交上の挨拶で、相手のご機嫌をとるためのうわべの賞賛。「辞令」は本心とは別の、お付き合いを円滑にするための褒め言葉。

「社交」から連想して「礼儀作法」の「礼」の字を書きがちなので要注意。ちなみに「礼辞」は「挨拶の言葉」のこと。

使い方

「そんなお上手言って……**社交辞令**とわかっていても悪い気がしないけれど、この稟議を承認するかどうかは別ですから」

単純明解　単純明快

「たんじゅんめいかい」正しいのはどっち？

「単純」……一つの事柄や仕組みでできているので、筋道がすっきり明らかでわかりやすい。「快」の字のしめすとおり、「気持ちいい！」のニュアンスがある。

なお、「明快」と間違いやすい「明解」の意味は、「はっきりと解きあかす」、または「よくわかる解釈」となる。

使い方

「あなたの遅刻の理由は、いつも〝寝坊〟で**単純明快**ね。下手な言い訳をしない潔さは買うけれど、そろそろ寝坊癖は改善してもらわないと……」

玉石混淆
玉石混合

「ぎょくせきこんこう」正しいのはどっち？

「玉石」は宝玉と石ころ、転じて善と悪、賢者と愚者など、素晴らしいものと悪いもの。それが「混交」は、混じってしまった状態。「淆」は「交」とも表記。

その他「玉石」の入った熟語「玉石同砕（ぎょくせきどうさい）」では、素晴らしいものと悪いものが区別なく全部滅びて、何もなくなってしまった状態。

使い方

「骨董市に掘り出し物を探しに来たけど、まさに**玉石混淆**ね。目利きのあなたに同行してもらってよかった！」

以心伝心

「いしんでんしん」正しいのはどっち？

意心伝心

小学生のうちに正しい意味と書き方をマスターしたい四字熟語のひとつ。訓読すると「心を以《もっ》て心に伝う」。

言葉や文字の伝達ツールを使わなくても、心と心で意思疎通ができる。そんなこの語の意味から、「意心伝心」と間違える場合が頻発するので注意が必要。

使い方

「あなたとは同期で20年も一緒に仕事してきたから、**以心伝心**の間柄と思っていたけれど、部下の指導方針に関してはもう一度話し合いが必要ですね」

「きょうきらんぶ」正しいのはどっち？

狂喜乱舞

狂気乱舞

「うれしい」の表現の中でも最大レベル。嬉しくて嬉しくて、思わず踊り狂うほど喜ぶ。まさにその様子は「狂気」を感じるほどかもしれないけれど、残念ながら間違い。

少しトーンダウンして小躍りレベルになると「手舞足踏（しゅぶそくとう）」となる。

使い方

「限定イベントのチケットを譲ってもらえることになって、**狂喜乱舞**なのはわかるけど……けっこう高額だよ、ちゃんと代金払えるの？」

才色兼美

「さいしょくけんび」正しいのはどっち？

才色兼備

「才」は才能、「色」は女性としての美しさ、それを「兼備」兼ね備えているのだから、そんじょそこらにいない「いい女」。しかし「いい男」は対象にならない。知恵と勇気の場合は「智勇兼備（ちゆうけんび）」、才能と人徳ならば「才徳兼備（さいとくけんび）」となる。

使い方

「わが社の売上ナンバーワンのうえに誰もが振り返る美人。**才色兼備**で完全無欠に見える女性なのに、カラオケだけは大の苦手なんだって」

怪盗ランマ
快刀乱麻
「かいとうらんま」正しいのはどっち？

「快刀、乱麻を断つ」の略。もつれてほどけなくなった麻糸をよく切れるナイフでカットするがごとく、こじれた事態をさくっと処理すること。
「かいとうらんま」という音だけでは「怪盗ランマ」とも聞こえるが、ルパン三世のご同業ではない。

使い方

「商品が輸送中に行方不明になったクレームの処理、大変でしたね。関係各所への連絡・連携の的確さ……**快刀乱麻**の対応でした！」

緊迫した状況を指すのはどっち？

一触触発

一触即発

「一触即発（いっしょくそくはつ）」は「一触」少し触れると、「即発」即時に爆発すること。また、そのように緊迫した状況を指す。

音から「即」を「速」と書き間違えるケースあり。そのほか、「即発」の意味と音を取り違えて、「一触触発」と書いてしまう慌て者も少なくないとか。

使い方

「今、部長室に入らないほうがいい！　課長が部長に予算増額の直談判しているんだけど、大袈裟じゃなく**一触即発**って感じだよ」

台風一過

台風一家

大騒動が一段落したことを表すのはどっち？

ずっと荒れ狂っていた台風が通り過ぎると、雲が去り青空が見えていい天気！　または、大騒動が一段落してほっと一安心、こんな状況が「台風一過（たいふういっか）」。

難しい漢字でも特異な状況を表したのでもない言葉だが、なぜか「台風一家」……台風のように騒がしいファミリーと意味の取り違えと誤記が絶えない。

使い方

「電撃的な企業合併で落ち着かない日々が続いたが、人事異動も完了して**台風一過**、やっと落ち着いて業務に当たれるようになった」

無為無職

何もしないでただぶらぶらと暮らしているのはどっち？

無為徒食

「8050問題」が、社会の大きな課題になっている今、「無為徒食（むいとしょく）」を「無為無職」と書きたくなるのも無理はないが、明らかに間違い。

「徒食」は「ふらふら遊んで、働かずに無駄に日を送ること」。そのまま「酔生夢死（すいせいむし）」まで至ればよいけれど……。

使い方

「起業したいといっても口ばかりで、何年も親がかりで行動を起こさないじゃない！ そういうのを**無為徒食**って言うのよ！」

歴史上の人物

「石部金吉」ってどんな人？

マジメ一筋な人

「石部金吉って誰？」と聞くと赤っ恥をかく。この人物は実在しない。固い石と金の二つを組み合わせて人名風にまとめた言葉で、真面目一筋、融通は利かず、女性の誘惑にもびくともしないカチコチに堅い人。

「石部金吉金兜（かなかぶと）」と強調する表現もあり。

使い方

「君の新人歓迎会だけど、わが社の**石部金吉**と言われている総務部長も出席するそうだから、羽目を外し過ぎないようにね」

一生懸命農業(仕事)に従事すること
悠々自適な暮らしをおくること

「晴耕雨読」の使い方で正しいのはどっち?

「晴耕雨読」は、「晴れたら一生懸命農業に従事し、雨で農業ができないときには学問にいそしむ」という自分に厳しい生活のことではない。

いわば悠々自適な暮らしで、「晴れたから畑でも行くかあ」「雨だから、家でのんびり本でも読もう」そんな牧歌的日常を言う。

使い方

「夫がね、『脱サラして**晴耕雨読**したら、農産品ビジネスで一旗あげられるかな』って言うからあきれちゃって。農業の前に国語を勉強してほしいわ……」

やかましくしく
しゃべっているのはどれ？

喧喧囂囂
侃侃諤諤
喧喧諤諤

「喧喧囂囂（けんけんごうごう）」は「大勢がやかましくしゃべる様子」、「侃侃諤諤（かんかんがくがく）」は「盛んに議論されているさま」で、この二語は古くからある表現。「喧喧諤諤（けんけんがくがく）」はこれら二語が混ざって誤用されたことから生まれたもので「大勢がうるさくまくしたてる様子」をさし、辞書にも掲載されるほど汎用化しているが使用NGとする場合も。

使い方

「昨日は女子会で盛り上がって**喧喧囂囂**、今日は朝から会議が紛糾して侃侃諤諤、夜はファンクラブの集まりで〝推しメン〟の話題で喧喧諤諤でした」

汚名返上

失敗を取り返すのはどっち？

汚名挽回

「〝汚名〟を〝挽回〟、取り戻すとのはおかしい。挽回するなら〝名誉〟でしょ？」という説が浸透しつつあるところに、「〝挽回〟は元に戻すという意味を持ち、汚名前のクリーンな状態に戻るわけだから間違いではない。第一〝汚名挽回〟がダメなら〝疲労回復〟も誤用になるでしょう？」と言われれば納得。

使い方

「『汚名挽回は誤用だよ』って姉に指摘されたけど、『誤用とはいえない』という見解もあるんだってね。姉に話して、『汚名挽回』の**汚名返上**してこなくちゃ」

わが社は□□□□主義で、
スタッフ全員がトップセールスを目指して
自発的に動いているから、
君もぜひ見習ってね

人海戦術 or 少数精鋭

この場合「**少数精鋭**（しょうすうせいえい）」が入る。これは「一騎当千（いっきとうせん・一人で千人もの働きをする）」という言葉があてはまるようなスーパービジネスマンたちがチームを組んで、少人数でもバリバリと成果を上げていくこと。

逆に、大人数でともかく何とかしようとすることを「人海戦術（じんかいせんじゅつ）」と言う。

弊社が日本での販売権を獲得したら、
御社お得意の宣伝力で日本中に
この商品を広めていただき
□□□□してまいりましょう

弱肉強食

or

共存共栄

昨今、ビジネスマンが多用する「ウィンウィン（win-win）」という言葉。日本語で表現するなら「**共存共栄**（きょうぞんきょうえい）」。互いに敵対する事無く、助け合って生存し共に栄えること。「共存」は「きょうぞん」とも読む。

英語もよいが、時折こうした渋めの四字熟語をちりばめるのもビジネストークのテクニック。

あの人には気を付けろ！
□□□□の営業マンだから、
こちらの情報を得ようとあの手
この手で探りをかけてくるぞ！

海千山千 or 海万山万

「**海千山千**（うみせんやません）」は、海に千年、山に千年住みついた蛇は竜になる……この言い伝えがベース。社会人としての経験を積み、ビジネスの表も裏も知り尽くした老獪なビジネスマン。

どちらかというと「したたか者」「悪賢い人」のイメージで、「いい人」が対象の場合は「百戦錬磨」を使うと誤解がない。

海万山万なんて言葉はないので、より良く言おうと欲をかかないこと！

上位下達 or 上意下達

わが社はどちらかというと
『□□□□』ですよね。
でも今日ばかりは『下意上達』で、
僭越ながら若輩の私の改革案を
聞いていただけますか？

「上意下達（じょういかたつ）」とは、ある チーム や組織、団体で、上位から下位へ意思伝達する＝トップダウンのこと。よって対義語は「下意上達」で、英語で言えば「ボトムアップ」。上意下達・下意上達のどちらかが優良な組織像というわけではなく、両方がうまく織り交ざった組織が最上とされる。

なお、「上意」を「上位」と間違いがちなので要注意。

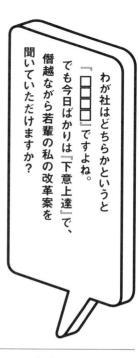

● 使う — 誤用のほうが広がりつつある四字熟語

口先三寸
舌先三寸

上辺だけの巧みな言葉を表すのはどっち?

「舌三寸」とも。「国語に関する世論調査」(文化庁・平成23年度)では、「上辺だけの巧みな言葉」を言うとき、本来の表現である「舌先三寸(したさきさんずん)」を使う人は23・3%、「口先三寸」を誤用している人は56・7%の逆転現象が見られたそう。

ちなみに三寸は「約9㎝」というサイズ表示ではなく、「短い・薄い」というたとえ。

使い方

「君の成約件数がのびないのは、その上っ面の物言いにある! **舌先三寸**の営業トークが通じるほど、お客さまはバカじゃないよ」

対症療法

一時的な処置で正しいのはどっち？

対処療法

２００８年の国立国語研究所の調査では、「対症療法（たいしょうりょうほう）」を「対処療法」との誤認識が30％近くだったとか。

ひどい痛みを訴える患者に鎮痛剤を処方するなど、症状に即した治療法のことで、根治を目指す治療ではなく一時的な処置であることから、一般にその場しのぎの処置をさすように。「対象」の間違いも多数。

使い方

「御社からのご提案は、今回の問題解決の**対症療法**にしかすぎず、根絶のための妙案をいただきたかった当社としては残念です」

ご馳走がふんだんに用意された宴会
美女がふんだんに用意された宴会

「酒池肉林」の正しい意味はどっち？

「酒池肉林（しゅちにくりん）」とは本来、酒が池に満たされ、木々には美味しそうな肉が吊るされている……つまり美酒とご馳走がふんだんに用意された宴席のこと。

「肉」が「肉欲」と曲解されたのか、「悪い大人の悪い遊び」のニュアンスがはびこっており、元々の意味が置き去りにされているよう。

使い方

「この間の社員旅行は幹事ががんばってくれて、まさしく**酒池肉林**だったけど、『酒池肉林』って書くと誤解を招くから、SNSには『楽しかった～』とだけ上げておいたよ」

3～4月の春先の穏やかな日

「小春日和」っていつ？

10月下旬から12月初旬の暖かい日

「小春」は旧暦の十月を意味し、今の暦の十月下旬～十二月初旬にあたる。よって「小春日和」は冬の初めの少し暖かい日のことをさし、冬の季語。２０１４年度の「国語に関する世論調査」では、正解の認識が51・7％、「春先」の誤認識が41・7％強の結果に。

ちなみにアメリカでは「インディアンサマー」、ドイツでは「老婦人の夏」と表現。

使い方

「師走に入って慌ただしいけど、今日みたいな**小春日和**の日は雑事を置いておいて、ぼうっと日向ぼっこしたくなるね」

阿弥陀仏様

人様

「他力本願」の他力ってだれ？

「他力本願（たりきほんがん）」は元々仏教用語。本来「他力」の「他」は阿弥陀仏をさし、「自分が辛い修行をしなくても、阿弥陀仏のありがたい本願によって成仏がかなう」という意味。

いつのまにか「他力」が「人様の力添え」と捉えられるようになり、今や「他人に期待して自分で努力しないこと」の誤用が共通言語化した。

使い方

「『**他力本願**』って、仏教のありがたい言葉なんだってわかってはいるけど、本来の意味で通用しない人が多いから使うのが難しいね」

辛抱すればいつか希望通りに

「百年河清」の正しい意味は？

いくら待っても希望は達せられない

「百年河清（ひゃくねんかせい）」の「河」は、中国の黄河のことで、その名のとおり常に黄色く濁っている。百年たっても清流となることはない。

よってこの熟語の意味は、「いくら待ったって望みが達せられることはない」となり、「百年辛抱強く待ったらいつか河は澄む」とはならない。

使い方

「中学生から交際してきてもう二十年……。あなたの未だ煮え切らない態度を見ていると、私との結婚は**百年河清**だって考えたほうがよさそうね」

悪いほうに態度を一変する

「君子豹変」ってどんな風に変わるの？

良いほうに向かっていく

「君子豹変（くんしひょうへん）」は元来、「人の上に立つ者、教養の高い人間は、ヒョウの柄のようにはっきりと過ちを認めて改め、よい方向に向かう」の意味。

つまり、人を称える四字熟語であったのが、昨今は、「上に立つ者が悪いほうに態度を一変させる」というマイナスの意味合いで使われることが多い。

使い方

「社長肝いりの無茶な経営方針が早々に撤回されて、やれやれと思っていたら、今度は楽隠居したいから会社を二束三文で譲渡すると……**君子豹変**ですね」

動物が登場する四字熟語

動物でものごとを表現すればもっとわかりやすく！

牛飲馬食 【ぎゅういんばしょく】	牛がガブガブと水を飲み、馬がバクバクと飼い葉をむさぼるように、大量に飲み食いすること。
倚馬七紙 【いばしちし】	素晴らしい文才。君主から布告文書くように命じられ、その馬前で七枚の長文を瞬時に書き上げた袁虎（えんこ）の故事から。
竜攘虎搏 【りゅうじょうこはく】	「攘」＝はらう、「搏」＝打つ。竜や虎にたとえられるほどの猛者たちが、激しく戦うさま。
金烏玉兎 【きんうぎょくと】	「金烏」＝太陽の異名、「玉兎」＝月にいる兎＝月の異名。そこから、太陽と月を表す風雅な表現。
荊妻豚児 【けいさいとんじ】	自らの妻子のことをへりくだって言う表現。「荊妻」＝荊のかんざしをさした妻。「豚児」＝豚の子。
羊頭狗肉 【ようとうくにく】	見掛け倒しのこと。「看板で羊の頭を掲げて客寄せしたくせに、実際に売ったのは犬の肉」の意。
狐疑逡巡 【こぎしゅんじゅん】	猜疑心の強い狐のように疑い深く、思いきりがつかず、ぐずぐずと結論が出せずにいる様子。
籠鳥檻猿 【ろうちょうかんえん】	籠に閉じ込められた鳥と、檻に入れられた猿。その姿から、「自由を制限され、思い通りに生きることができない」の意。
猫鼠同眠 【びょうそどうみん】	猫が鼠と一緒に寝る、すなわち悪いことをする人と、取り締まるべき人が共謀して悪事を働くこと。
狐狸変化 【こりへんげ】	狐や狸の化け物＝人に隠れてコッソリと悪事を働くことや、悪いことをする人のたとえ。

「人の悪口」を表す四字熟語

人の悪口だって四字熟語になればこんなに知的に！

浅瀬仇波 【あさせあだなみ】	「考えが足りない人ほど、些細なことでも、馬鹿みたいに大騒ぎするからイヤなのよね」
人面獣心 【じんめんじゅうしん】	「まるで人の顔をした獣！　義理人情や恩義を全然ありがたがらず、冷酷なうえに恥知らずなんだから！」
内股膏薬 【うちまたごうやく】	「ほんとうに節操がない……内股に貼った膏薬が、動くたびに右に左にと張り付くのと一緒だよ」
空理空論 【くうりくうろん】	「だいたいさ、あいつのいうことは現実からかけ離れて、ちっとも役に立たない考えばっかりなんだから！」
好逸悪労 【こういつあくろう】	「そりゃ、あの人みたいに苦労するのを嫌がって、遊んで暮らすことだけを求めて生きていけりゃいいけどさ！」
貪欲吝嗇 【どんよくりんしょく】	「信じられないほど欲が深いうえに、びっくりするほどケチで、すごく物惜しみするんだから……」
活剝生呑 【かっぱくせいどん】	「人が書いたものを勝手にコピペして、まるで自分のオリジナルであるかのように吹聴するってどうなの？」
伴食宰相 【ばんしょくさいしょう】	「うちの部長ってさ、管理職の地位に見合った能力ゼロ。仕事もせずに給料もらっているって自覚あるのかね？」
求名求利 【きゅうめいきゅうり】	「名声やら利益ばっかり欲しがって汲々としてさ！ちゃんと実績を積んでからの話だっていうの！」
得手勝手 【えてかって】	「よくもまあ、あれほど他人のことは考えないで、自分に都合のいいように行動できるもんだわ……」

第3章

1秒で伝わる四字熟語

ほめるとき、励ますとき、叱るとき…、あなたはどんな声をかけますか？
想いを伝えるときこそ語彙力が問われます。
新しいバリエーションとして、四字熟語も使ってみてください。
たった一語で4倍以上の気持ちが込められるでしょう。

先生！
市場動向セミナーでの基調講演、
実に威風堂々たるスピーチで
ございました！　感銘いたしました！

「威風堂々（いふうどうどう）」とは、「威風」非常に威厳のある様子＋「堂々」まったくビクビクしていない・非常にご立派。対象は偉い方、誰が見ても立派なものに限定される。例えば「社長」「ライオン」「現役チャンピオン」「将軍」「大きなビル」。

よって、どんなに優秀な息子であっても「中学校弁論大会の発表会の姿、ほんと威風堂々だった！」と親が言うのは違和感あり。

まあ君の考えた
原稿のおかげ
だけどね
社長

あなたのような一笑千金の方に
出会えるなんて……
先輩に縁談のお願いをして
本当によかった！
笑顔まぶしすぎ
何そのサングラス

「一笑千金（いっしょうせんきん）」とは、一回ほほ笑むと、千金にも値する美人。四字熟語には美人を褒めたたえる表現が多い。

「絶世独立（ぜっせいどくりつ）」＝この世に並ぶものなき美人

「仙姿玉質（せんしぎょくしつ）」＝並外れた美人

「国色天香（こくしょくてんこう）」＝百花の王・牡丹のように非常に美しい人

などがある。

あなたはプロの演奏家でありながら、エッセイの連載も執筆中で、今度はドラマに出演なさるとか……文字どおり八面六臂のご活躍ね

「八面六臂（はちめんろっぴ）」とは、一人で何人前もの働きをする、または、さまざまな世界で活躍すること。もともとは八つの顔と六つの臂（ひじ・腕）をもつ仏像をさす。

ほかに「三面六臂（さんめんろっぴ）」の表現があり、顔の数が異なるが意味するところは変わらない。

また「八面玲瓏（はちめんれいろう）」になると、わだかまりなく心が清いこと。

ほめる　すばらしい男女のカップルに向けて

先輩と奥さまのような才子佳人の誉れ高いご夫妻に月下氷人になっていただいて、うれしくてたまりません！

「才子佳人（さいしかじん）」とは、知恵があって頭のよい男性、誰もが認める美しい女性。こんな素晴らしい男女の一対を言う。

しかし「才子多病（さいしたびょう）」……優秀な男性は虚弱で病気がち、「佳人薄命（かじんはくめい）」……きれいな女性はどういうわけか幸せな人生に恵まれず短命、という四字熟語も。

ちなみに「月下氷人（げっかひょうじん）」は媒酌人のこと。

● 励ます　限界を感じ、おじけづいている人へ

メール営業はもう限界じゃないかな。**虎穴虎子**の精神で、じかに先方の会社を訪ねてアタックして突破口を開こうよ！

「虎穴虎子（こけつこじ）」とは、「虎穴に入らずんば虎子を得ず」を略した熟語。「虎穴」は虎が子供とともに住んでいる穴で、危険な場所や事柄の象徴。

「虎子」とは虎が大切に守り、育てている子供の虎、すなわち貴重なもの、大きな成功。ある程度の危険を乗り越えなければ、立派な功績を獲得することはできない。

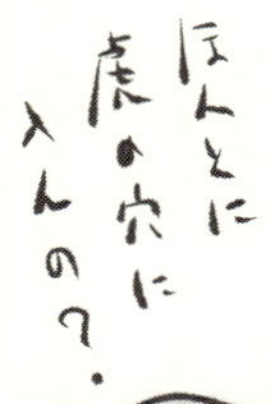
ほんとに
虎の穴に
入んの？

● 励ます ── 一皮むけてほしいと願う相手へ

自分のエラーで負けたと後悔しているなら、辞めるより隠忍自重して、次の試合ではチームに貢献できるよう、さらにトレーニングすべきじゃないか？

辞めるのも逃げるのも簡単。その場でひたすら我慢して、軽はずみな行動はせず、苦しい思いを我慢すべし……あえて「隠忍自重（いんにんじちょう）」を勧めるのが、相手の先の人生まで見据えた大人の励まし。

我慢にも種類があり、辱めに耐える場合は「含垢忍辱（がんこうにんじょく）」。

また隠忍自重の対義語は「軽率短慮（けいそつたんりょ）」。

ライトなのにヘビー級のエラーを…

急なリストラで落ち込むのは
当然だけど、あなたなら
吉人天相で、きっと大丈夫！
わが社の中途採用担当に強く
推薦しておいたから、吉報を待って
家建てたばっかりなのに・・・

「吉人天相（きつじんてんしょう）」とは、「吉人」は善人を意味し、「天相」は天からの助けをさす。「いいことをしていれば、天が助けてくれるよ」。思いがけない災いや急な不幸に見舞われた人に対する慰めの言葉であり、それらを乗り越えた人への祝辞でもある。

「天網恢恢（てんもうかいかい）」の表現もあり、人知を超えた力に期待する気持ちは今も昔も変わらない。

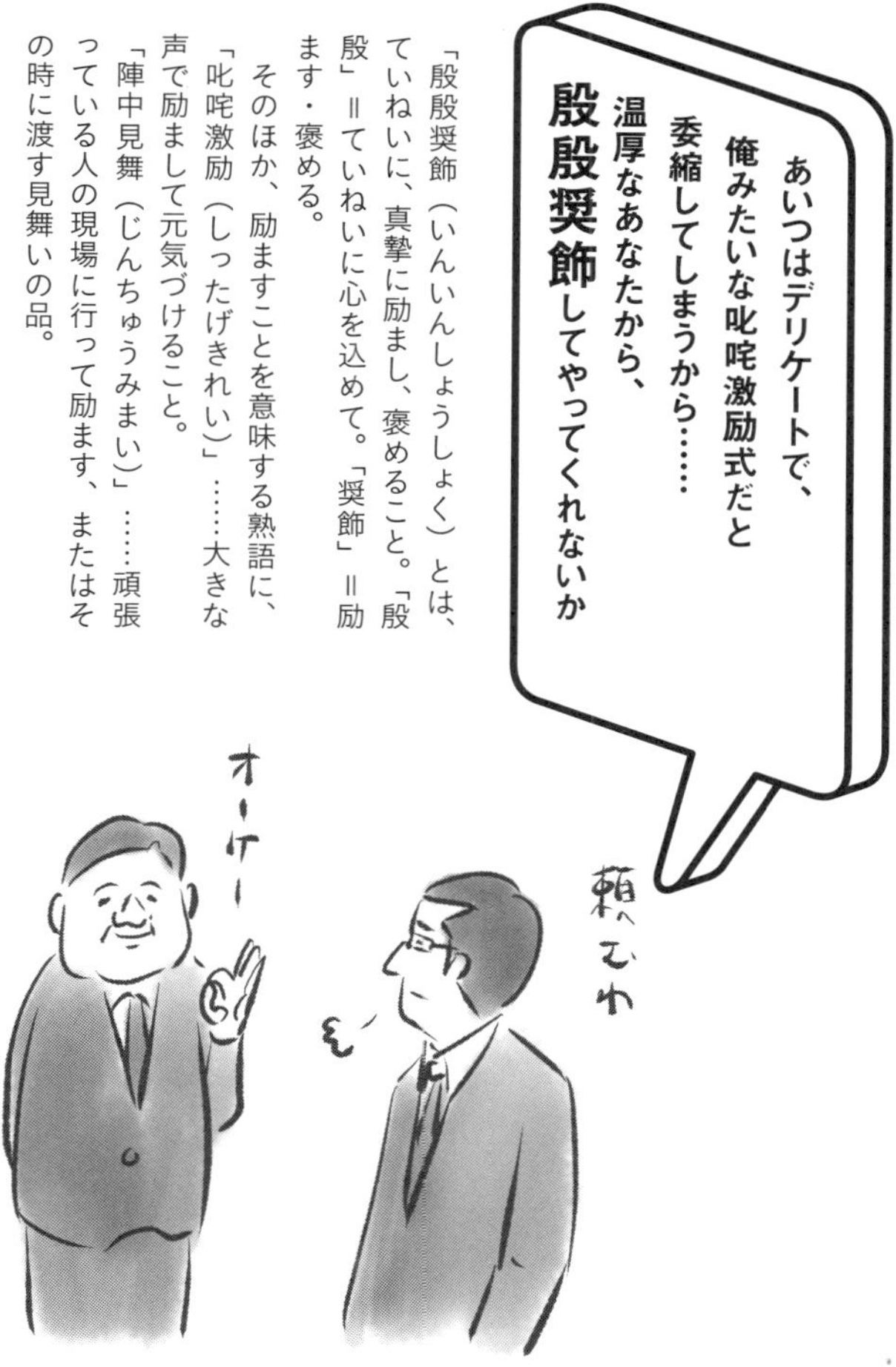
あいつはデリケートで、
俺みたいな叱咤激励式だと
委縮してしまうから……
温厚なあなたから、
殷殷奨飾してやってくれないか
オーケー
頼むわ

「殷殷奨飾（いんいんしょうしょく）」とは、ていねいに、真摯に励まし、褒めること。「殷殷」＝ていねいに心を込めて。「奨飾」＝励ます・褒める。

そのほか、励ますことを意味する熟語に、「叱咤激励（しったげきれい）」……大きな声で励まして元気づけること。

「陣中見舞（じんちゅうみまい）」……頑張っている人の現場に行って励ます、またはその時に渡す見舞いの品。

● 諭す　パワハラを避けて注意をしたいとき

無礼な後輩の態度には
言いたいことが山ほどあると思うけど、
今はパワハラって言葉も
あるくらいだから、
ともあれ和風細雨で……

「和風細雨（わふうさいう）」とは、「和」は穏やか・ゆるやかを意味し、「和風」は「穏やかでゆるやかな風」。「細雨」は小さな雨粒のそぼ降る雨。

よって「和風細雨」とは、ソフトな対応をすること。

さらに「和顔愛語（わがんあいご）」……やさしい表情とあたたかい言葉遣いがセットされればパワハラにはならないはず。

まだ新芽だからな

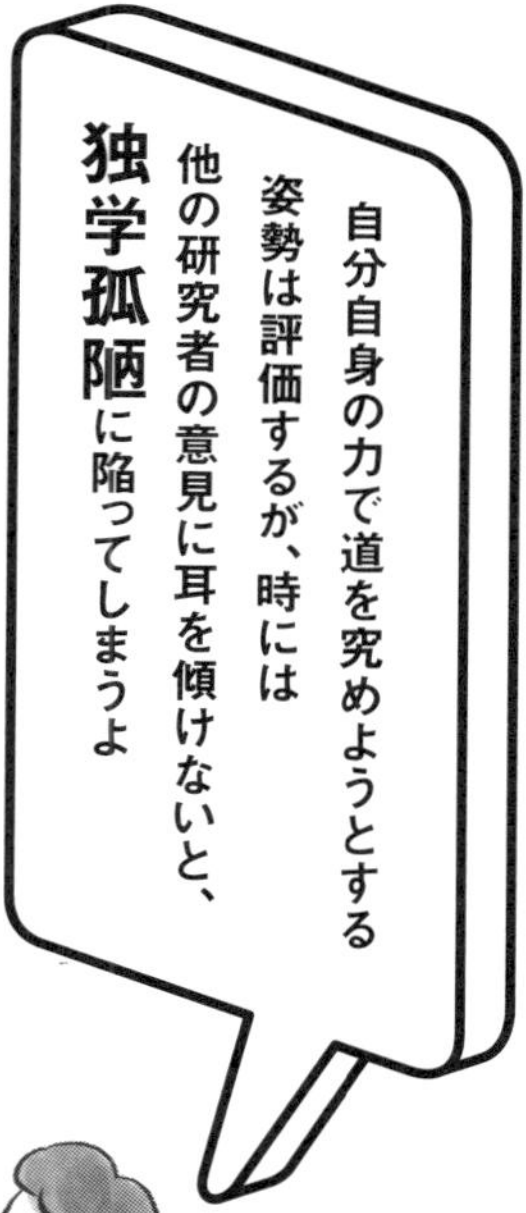
自分自身の力で道を究めようとする
姿勢は評価するが、時には
他の研究者の意見に耳を傾けないと、
独学孤陋に陥ってしまうよ

自学自習するだけではまかないきれないものがある。「独学孤陋（どくがくころう）」とは、「独学」は、一人だけで学問に打ち込むこと。「孤陋」は、新しいものを受け入れず、ものの考え方が古いまま更新されないこと。

師や学友から学び、意見を戦わすことは非常に重要、独りよがりになってはダメと、独学を戒める表現。

あなたがミスを繰り返すたび、私は教育担当として冷静に提耳面命しますが、何度も迷惑をかけられている他のスタッフの気持ちも考えてくださいね

「提耳面命（ていじめんめい）」とは、「提耳」耳を引っ張り寄せ、「面命」目の前で教えて諭す。ていねいに細かく説明をして、ちゃんと理解できるように言い聞かせること。

　同様な意味をもつ四字熟語に、「三令五申（さんれいごしん）」……三回命令して五回言って聞かせる。「仏の顔も三度」の続きの句は、「撫でれば腹立てる」。どんなに心の広い人にも限界がある。

●諭す～悪いことをほかのもののせいにしてばかりの人へ

今回の処分に関しては悪因悪果と反省して、行いを改めることだね。そうすれば今度は**善因善果**を実感する日が来るはずだよ

人には、その行いによって相応の結果が訪れる、これが仏教でいうところの「因果応報（いんがおうほう）」。因果応報の善いほうが「善因善果（ぜんいんぜんか）」で、悪いほうが「悪因悪果（あくいんあっか）」。

古臭く、迷信めいた言葉に思えるが、宝くじ高額当選者の多くが一日一善を心がけていたなどと聞くと……。

減給だけど募金してみます

● 叱る ― 仕事中別のことをしている部下へ

社長から言われた調査を優先して、決算報告書が提出期限に間に合わないなんて読書亡羊、言い訳にはならないよ！

「読書亡羊（どくしょぼうよう）」とは、ほかのことに気を取られ、なすべきことに集中していないこと。昔々、羊の番をしていた二人の男がおり、一人は読書に没頭、一人は博打に夢中で羊が逃げ出したことに気づかず……。

一見、博打より読書のほうが尊い行為に見えるが、本来の仕事である羊の面倒をおろそかにして逃したことにおいて同罪。

しかも浮気調査だなんて！

なぜ今期のベースアップが
見送られたのか、
左右他言はもう充分ですから、
組合員全員が納得する
正当な理由を述べてください
話題

「左右他言（さゆうたげん）」の「他言」とは、話題をそらすこと。話題を右に左にとそらし、自らに都合が悪いことをごまかす。聞かれたことに答えたくない、もしくは答える必要がないと判断してはぐらかす様子。

「左右他言」を止めるには「閑話休題（かんわきゅうだい）」……脇道に反れずに本題にもどす、を宣言するとよい。

君は何を聞いても『賛成です』としか言わないね。協調性と付和雷同はまったく違うんだ。会議では自らの意見を言うべきではないか？

「付和雷同（ふわらいどう）」とは、自らの意見はなく、人の言動に考えなしに同調すること。「付和」は人の意見にたやすく賛同、「雷同」は雷鳴に対応して物が動くこと。

「和而不同（わしてどうぜず）」という、他人と協力はするが、安易に流されて意見や態度を同調させない……の精神こそ大切。

ここは否定すんのか
そんなことないと思います

叱る　実力が足りないのに大きな顔をしている人へ

『社長に意見するな』とは言わない。しかし、社長の大変さも知らないくせに『俺でもできる』と言わんばかりの**夜郎自大**な態度は改めろ！

「夜郎自大（やろうじだい）」は、かつて中国で大きな勢力を誇った国「夜郎」の王が、自身とは比べ物にならないほど強大な「漢」を知らずに自らの強さを誇った故事から、「自分の実力を考えず、大きな顔をする」の意。

「野郎」と書きたくなるのは山々だが、故事に登場する国名なので、間違えたまま語彙力を自慢すると「夜郎自大」に。

この野郎・・・

● 嘆く――ため息しか出てこないほどつらい状況のとき

はたらけどはたらけど
猶わが生活楽にならざり
ぢっと手を見る……ってつまり、
青息吐息ってことですよね？

石川啄木の有名な歌の心境に共感したことのある大人は、少なくないのでは？「青息吐息（あおいきといき）」とは、辛く苦しく困ったときに吐くため息のこと。

一部に「青色吐息」との誤用が見られ、「青」＝「ブルー」＝落ち込んだ気持ち、という意味合いからではないかと推測される。

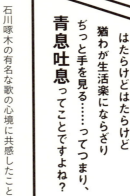

嘆く――結婚して自由が奪われた…

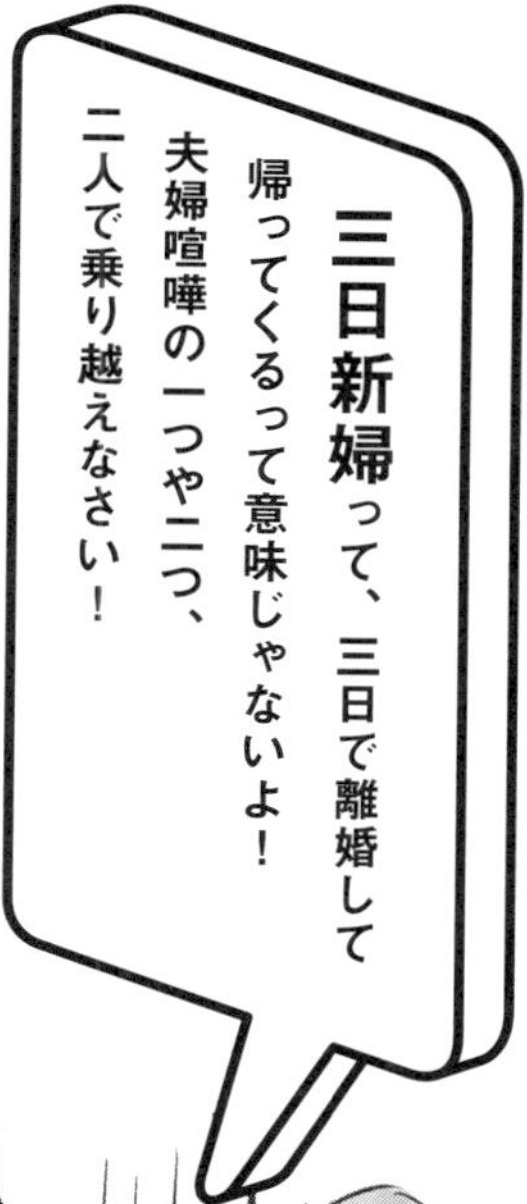
三日新婦って、三日で離婚して
帰ってくるって意味じゃないよ！
夫婦喧嘩の一つや二つ、
二人で乗り越えなさい！

拘束されていて、ひどく窮屈なことのたとえ。「三日新婦（さんじつしんぷ）」とは結婚してから三日目の新婦という意味で、結婚の後はやらなければならないことが多く、何かと拘束されることから。

しかし、こんなことで出戻ったら「偕老同穴（かいろうどうけつ）」……夫婦仲良く年を取って一緒に葬られること、はない。

この家には家族はもちろん、ご近所の方もよくお茶を飲みに来てくださって……老人ホームに入ったら門前雀羅を張るだろうけどしかたないわね

「門前雀羅（もんぜんじゃくら）」の対義語が「千客万来」といえば、非常にわかりやすい。「門前を通る人もいなくて閑散としているから、雀を捕獲する網を張っても大丈夫」の意。

雀をはじめ、鶏、鶴、烏（からす）、燕（つばめ）、鴛鴦（おしどり）、雉（きじ）など、鳥が登場する四字熟語は枚挙にいとまない。

● 嘆く　あまりにも残念でならないとき

将来を期待していた新人だから一生懸命指導したのに、退職代行会社から電話が……

遺憾千万とはこのことだ！

政治家の口からよく発せられる言葉のトップテンに入りそうな「遺憾」は、思うように事が運ばず残念なこと。「千万」ははなはだしいことを意味する。

「遺憾千万（いかんせんばん）」のほかに「無念（むねん）千万」「失礼（しつれい）千万」「奇怪（きかい）千万」、「心外（しんがい）千万」「笑止（しょうし）千万」「迷惑（めいわく）千万」など多数。

● 喜ぶ―手をたたきほめたたえるほどの喜びを表現したいとき

授賞式で君が賞状を受け取るとき、これまでの苦労を知っているから **拍手喝采**しながら涙が止まらなかったよ

「拍手喝采（はくしゅかっさい）」の「拍手」は手を叩いてほめること。「喝采」は元々中国で、かけ声をかけサイコロを投げることを意味し、そこから手を叩いてほめそやすという意味に。

サイコロを投げることを意味に含んだ四字熟語は他に「乾坤一擲（けんこんいってき）」「一擲千金（いってきせんきん）」「梟盧一擲（きょうろいってき）」など。

まだ泣いてるじゃん

よかったなぁ

喜ぶ　飛び跳ねるほどの喜びを伝えたいとき

結婚十年目の第一子誕生で、私たち夫婦はもちろんのこと、両親も初孫の顔を見て欣喜雀躍しております

「欣喜雀躍（きんきじゃくやく）」の、「欣」は喜ぶことで「喜」と同じ。「雀躍」は愛らしい雀がピョンピョンと跳ねて、まるで踊っているような……そんなふうに大喜びすること。

「踊」ったり「舞」うことは大喜びに直結し、他にも「踊躍歓喜（ゆやくかんぎ）」「手舞足踏（しゅぶそくとう）」「狂喜乱舞（きょうきらんぶ）」などの四字熟語がある。

ご両親お元気ですね…

受注数が減って
ずっと渋い顔だった工場長だけど、
さっき新しい注文が入って破顔一笑、
ようやく御機嫌が直ったよ

「破顔一笑（はがんいっしょう）」の「破顔」は、顔をほころばせること、「一笑」は軽く笑うこと。顔をほころばせてうれしそうに、にっこり笑うこと。

「破顔大笑（はがんたいしょう）」となると、おなかを抱えて大笑い。「破顔微笑（はがんみしょう）」は仏教語でもあり、心に悟るところがあり、自然とほほ笑むこと。

喜ぶ　最高の喜びを表現したいとき

面接で失敗して諦めていた第一志望の企業から内定通知が来て、有頂天外とはこのことかと喜んだよ！

「有頂天外（うちょうてんがい）」とは、「有頂天」……仏教の世界観における三界（さんがい）のうち最も上位の天で、形あるものの世界の絶頂。そんな場所よりさらに高く外に出る＝有頂天よりもっと上の喜びのこと。

「有頂天外」のように仏教に根差す四字熟語は多く、「極楽往生（ごくらくおうじょう）」のようにいかにもという語のほか、「言語道断（ごんごどうだん）」などおなじみのフレーズも。

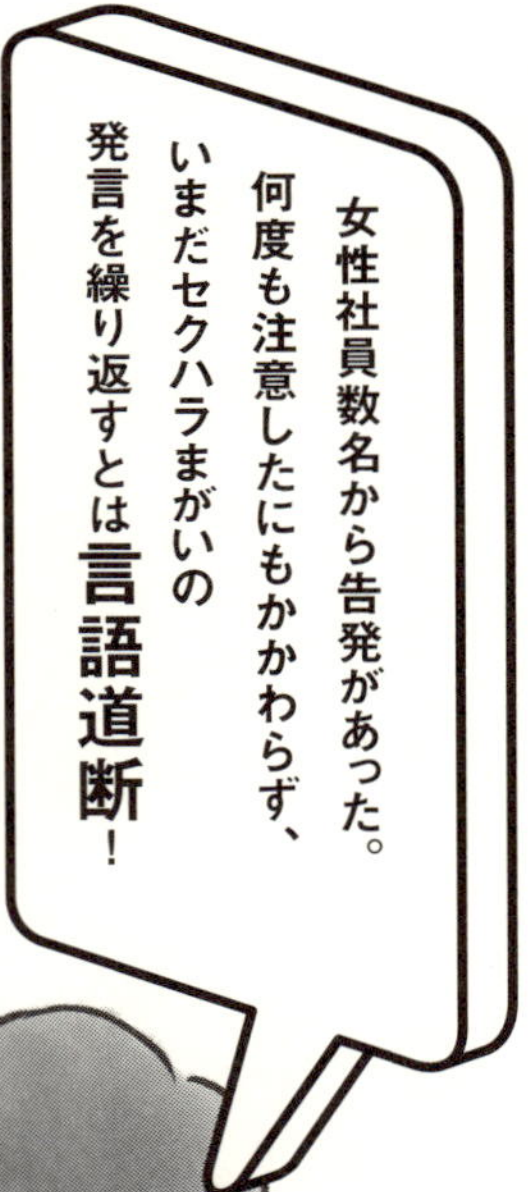
女性社員数名から告発があった。
何度も注意したにもかかわらず、
いまだセクハラまがいの
発言を繰り返すとは言語道断！

「言語道断（ごんごどうだん）」とは、仏教由来の表現で、「仏教の深い真理や究極の境地は、とても言葉で言い表せない」の意だったが、「すべて言語化するのが困難なほど酷い」「ひどく間違っていてお話にならない」ことを指すように。

ちなみに、トンチンカンなかみ合わない会話は「蒟蒻問答（こんにゃくもんどう）」で、この「問答」も仏教用語のひとつ。

チーン

あなたは、私だけならまだしも
家族までひどく侮辱した！
よって今この場で、あなたは私にとって
不倶戴天の敵となったことを
ご承知おきいただこう！

「不倶戴天（ふぐたいてん）」の「不倶」とは一緒にできないことを意味し、「戴天」は同じ空の下で暮らすこと。

絶対に一緒にはこの世で生きていけない、生かしておけない、それほど根深い恨みをたとえたもので、もとは父の仇（かたき）をさした。いわゆるライバルレベルの「敵」ではない。類語に「意趣遺恨（いしゅいこん）」など。

時代が悪い、
社会の仕組みが不公平だと
悲憤慷慨しているだけでは、
なんら問題解決にはならない！

怒りの種類はいろいろあるが、「悲憤慷慨（ひふんこうがい）」は社会や運命など、大きな力に対する憤りや深い悲しみのこと。

逆に、支配者や君主から、臣下がすさまじい怒りを買う＝「人主逆鱗（じんしゅげきりん）」。また、嫉妬や怒りで阿修羅のごとく激しく心が揺れ動き、腸が煮えくり返ること＝「修羅苦羅（しゅらくら）」。

● 怒る ～ 髪の毛が逆立つほどに怒りがわいたとき

怒髪衝天って言うけれど、対立候補からのネガティブキャンペーンの内容を聞かされたときには、髪の毛が逆立つかと思ったよ

「怒髪衝天（どはつしょうてん）」の「怒髪」は怒りのあまり、髪の毛が天に向かって逆立つ。「衝天」は「天を衝（つ）く」を意味し、ほかに「意気衝天（いきしょうてん）」＝気概・気力が天を衝くほどの勢いで充実している様子。

世間に自分を認めてもらえず苛立ち、怒って焦ることは、「憤懣焦燥（ふんまんしょうそう）」。激怒している心をさすのは「忿忿之心（ふんぷんのこころ）」。

先生のあのときの御言葉は
まさに 一言芳恩、おかげさまで
迷うことなくこの道に進むことができ、
充実した日々を過ごしております

言葉は人を窮地から救うことも、奈落の底に落とすこともできる諸刃の剣。この場合の「一言芳恩（いちごんほうおん）」は「救われる言葉」で、一生恩義を感じるほど素晴らしいひと言をいただいた相手を尊敬するの意。

なお「一言」を「いちげん」と読む、「芳恩」を「報恩」と書くなど、間違いやすいので要注意。

君のチャンネル登録したよ
ありがとうございます

● 敬う　確固たる志を持って進んでいく様子に

ゆとり世代の君には「不撓不屈」ってピンと来ないかもしれないけど、同年代の羽生結弦選手の活躍を見たら意味が分かるんじゃないかな

「不撓不屈（ふとうふくつ）」の「撓」はたわむこと。「不撓」で「たわまない」、そして「不屈」屈しない。確固たる志を持ち、困難な事態にひるまず、心折れることもない。

「選ばれしアスリートのみが実行できること」と薄笑いを浮かべるなら、「卑躬屈節（ひきゅうくっせつ）」……自分の信念を曲げ、人に媚びることに慣れきっている証拠。

部長はさ、今回のプロジェクト成功を会長に褒められたとき、「部員たちの力です」とだけ言って自分のことはなんにも……まさに大樹将軍だよね

中国・後漢の将軍にちなみ、素晴らしい人格の指導者を「大樹」と言うように。なんでもほかの将軍たちが自分の手柄をまくしたて始めると、大樹の下に身を潜めるようにして、決して自分の功労を口にしなかったのだとか。ここから「大樹将軍（たいじゅしょうぐん）」に。

部下の功績まで自分の手柄のように言う場合は「我田引水（がでんいんすい）」。

部長!?
ほんと君たちのおかげだよ
ん、どうした？

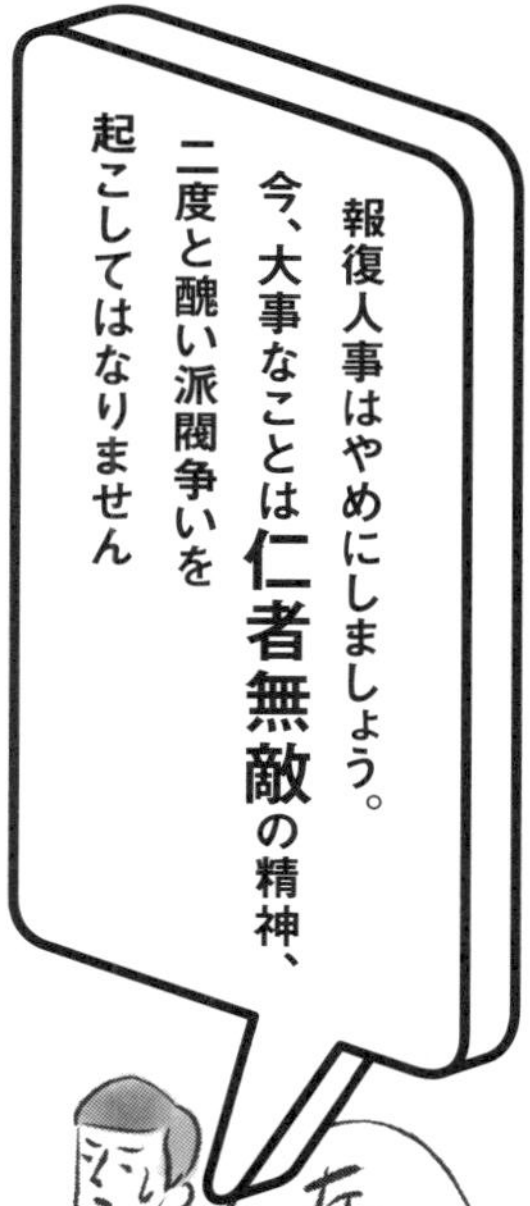
報復人事はやめにしましょう。
今、大事なことは仁者無敵の精神、
二度と醜い派閥争いを
起こしてはなりません

だめです
返せ
左遷

力で制する武者はもちろん、知力に優れた賢者であっても、その地位を狙う敵は常に存在する。そしていつか、争いが生まれる。

しかし人徳を備えた仁者は、分け隔てなく人を慈しむことで一人の敵もいない。

敵がいなければ、仕事や人生を楽しむことに時間を費やせる……つまり人生において最強。「仁者無敵（じんしゃむてき）」ということ。

あの課長、自分のミスを部下に
なすりつけてほくそえんでいるけど、
天網恢恢……上層部が調査を
始めているから、事実が明らかに
なるのは時間の問題だよ
ザマーミロ

「天網恢恢（てんもうかいかい）」とは、「天網恢恢疎（そ）にして漏らさず」を略した四字熟語。

「天網」は天の網で、「恢恢」は大きくて目が粗い。なんでもすり抜けそうに思えるが、悪いことは必ず網にひっかかる、だから辛抱は今のうちだけ。天網を実際に見た人は一人もいないが、「きっとそうですよね」とすがりたくなる説得力と強さがある。

……ありがとうございます。
あなたの温言慰謝で、
なんとか一歩踏み出していける、
いかなきゃって気持ちになれました
罪を償ってきます
悪い人だったのね…

「温言慰謝（おんげんいしゃ）」の「温言」は、あたたかく優しい言葉。「慰謝」は「慰藉」とも書き、同情して慰め、いたわることを意味する。

「温」は優しい人柄を示し、優しさにプラスして「温厚篤実（おんこうとくじつ）」情の深さ・誠実さ、「温柔敦厚（おんじゅうとんこう）」穏やかさ・情の深さ、「温潤良玉（おんじゅんりょうぎょく）」人格の麗しさを表現。

なぐさめるときの四字熟語を
ネットで検索すると、必ず出てくるのが
〝大器晩成〟なんだよね。
まさに、あなたのことだね……

「大器晩成（たいきばんせい）」の「大器」は文字のとおり大きな器のことで、大きな器はでき上がるまで時間がかかる＝立派な人物は大成し、頭角を現すのに時間を要する。

逆に、小さいころから才能を認められることを「栴檀双葉（せんだんのふたば）」といい、「栴檀」は白檀、「双葉」は最初に芽吹く葉。香木の白檀は芽吹いたばかりでもよい香りを放つことから。

今回受賞を逃したからって、
辞めるなんて言わないで。続けていれば、
いつか雲外蒼天、見る目のある
プロデューサーから
お声がかかるに違いないよ

「雲外蒼天（うんがいそうてん）」とは、「雲外」地上から見るとどんよりとした曇り空だけれど、雲の向こうには「蒼天」青い空が広がっているんだよ……「困難に負けず、努力していているうちに良いことが待っているよ、きっと」の意。

空模様に題材をとった四字熟語はほかに「雨過天晴（うかてんせい）」「櫛風沐雨（しっぷうもくう）」などがある。

● 謝る ―― 顔を上げられないほどのことをしてしまったとき

この度おかけした甚だしいご迷惑には、
お詫びの言葉もなく……。
平身低頭したくらいで
許されるとは思っておりません

「平身低頭（へいしんていとう）」とは、体をかがめてひれ伏し、頭を低く垂れ、ひたすらに謝ること。同じように謝罪する姿を映した四字熟語に、
「三拝九拝（さんぱいきゅうはい）」何度も頭を下げる
「泥首銜玉（でいしゅかんぎょく）」降伏や謝罪の際の儀礼
「廉頗負荊（れんぱふけい）」中国の廉頗将軍が荊（いばら）を背負って謝罪したことに由来などがある。

申し訳ありません
余計腹立つな

● 謝る ― 老婆心ながら伝えたいことがあるときに

> 社長におかれましては
> セカンドビジネスに注力する前に、
> 根幹事業を支える社員たちへの
> ご配慮をお願いできればと切に
> お願い申し上げます。**妄言多謝**

「妄言多謝（もうげんたしゃ・ぼうげんたしゃ）」とは、「独断でいい加減なことを綴って申し訳ない」として反省し、手紙の最後に相手にお詫びすること。

とはいえ、噂を鵜呑みにしてリークするような手紙にはふさわしくなく、あくまで「あなたのことを思ってひと言多いかもしれませんが……」という人が使うにふさわしいとされる。

類語に「暴言多罪（ぼうげんたざい）」が。

絵文字…

フェイクニュースを鵜呑みにして、なにも悪くないあなたを責めてしまったときは
冷汗三斗……本当にごめんなさい！

「冷汗三斗（れいかんさんと）」とは、「恥ずかしい！」と身をよじったり、「恐ろしい……」と鳥肌が立つ思いをしたとき、おびただしい冷や汗をかく様子。「三斗」は約五十四リットル。

恥ずかしくて逃げだしたい場合は「汗顔無地（かんがんむち）」、暑さや運動によって汗が滴り落ちることは「流汗淋漓（りゅうかんりんり）」。

外見もあいまって…
いいですよ別に

謝る　それでも謝らなければならないとき

事故処理を優先してしまい、
今や十日之菊とは重々承知ながら、
事情説明に伺うことを
お許しいただけませんでしょうか

旧暦の九月九日を重陽の節句といい、菊を愛でる風習があることから別名「菊の節句」。「十日之菊（とおかのきく・じゅうじつのきく）」は、その節句を一日過ぎた十日の菊……ということで、時期を過ぎて用をなさないもののたとえ。

同じ意味合いの四字熟語に「夏炉冬扇（かろとうせん）」「六菖十菊（りくしょうじゅうぎく）」、逆に役に立たないと思っても実は有用な場合は「無用之用（むようのよう）」。

「花鳥風月」な四字熟語

昔から美しい風景はいくつもの漢字を駆使して表現してきました

柳緑花紅【りゅうりょくかこう】	柳は緑、花は紅……人の手の加わらない自然のありのままの美しさ、それを象徴する春の景色。
金波銀波【きんぱぎんぱ】	太陽に照らされた金色の波、月の光を受けた銀色の波。キラキラと輝く波の美しい様を表現。
春花秋月【しゅんかしゅうげつ】	春に咲き競うさまざまな花、秋の夜に輝く冴え冴えとした月……四季折々の眼福の風景。
上下天光【しょうか(じょうげ)てんこう】	「上下」は天地、「天光」は日の光。天光が水面に映って輝き、天地に光が満ちたえも言われぬ美しさ。
白砂青松【はくしゃせいしょう】	白い砂浜に、青々と茂った松林の続く海岸の景観。美しい海岸を表すとき定番の四字熟語。
落花啼鳥【らっかていちょう】	花の盛りが過ぎて、花びらが舞い落ち、鳥は山の中で鳴いている。ゆく春の寂しげな自然の情景。
万頃瑠璃【ばんけいるり】	「万頃」……はるかな広さまで、紺青の宝珠「瑠璃」のような青く輝く空や水面が広がるさま。
千紫万紅【せんしばんこう】	あちらは紫、こちらは紅、多彩な花色の競演。同じ音の四字熟語には、全く意味の異なる「千思万考」がある。
雪裏清香【せつりせいこう】	梅の異名。「雪裏」＝雪の中。「まだ雪が残っているころから、他の花に先んじて咲き、清らかな香りを放つの」意。
星河一天【せいがいってん】	「星河」は天の川、「一天」は空の全体。夜空いっぱいに、無数の星々が川の流れのように輝いて見えること。

第4章

1秒でできると思わせる四字熟語

冠婚葬祭や朝礼、仕事始めなど、
使うとスピーチが締まるのが四字熟語のいいところ。
この章ではよくあるスピーチの場面を再現。
四字熟語を使うとどんな風に変化するのか…。

● 朝礼 ― 接客・営業の部署で

一期一会【いちごいちえ】

よくあるスピーチ

「おはようございます！　本日もお客さまとのご縁を大切に、ていねいな応対をお願いいたします！」

四字熟語を使うと…心に残るスピーチへ！

「おはようございます！　本日もお客さまとの**一期一会**のご縁を大切に、ていねいな応対をお願いいたします！」

解説

日本人なら誰でも知っているこの四字熟語は、もともと千利休が茶会を催すときの心得として説いたものだとか。「一期」とは仏教の世界観で、人間の誕生から死までの間。「一期一会のご縁を大切に」とは、誰もがすでに何度もどこかで聞き、胸に刻んだにもかかわらず、有言「不」実行であることがほとんど。だからこそ、朝礼にふさわしい。

● 朝礼　チームワークを高めたいとき

和衷協同

【わちゅうきょうどう】

よくあるスピーチ

「決算前の大事なセールがスタートします！　皆さん準備でお疲れなのは重々承知ですが、あと一息！　力を合わせて、この忙しさを乗り切りましょう！」

四字熟語を使うと…心に残るスピーチへ！

「決算前の大事なセールがスタートします！　皆さん準備でお疲れなのは重々承知ですが、あと一息！　**和衷協同**で、この忙しさを乗り切りましょう！」

解説

「和」はなごむ、「衷」は心。つまり、心から和み打ち解けて、共に力を合わせ事に当たること。同じニュアンスの四字熟語に「一致団結（いっちだんけつ）」「協心戮力（きょうしんりくりょく）」、立場の上下にかかわらず目的達成のために団結するときは「上下一心（しょうか［じょうげ］いっしん）」。

当意即妙【とういそくみょう】

よくあるスピーチ

「お客さまが千人いれば、千通りのご要望があります。基本のルールは順守しつつ、柔軟な対応を心がけてください」

四字熟語を使うと…心に残るスピーチへ！

「お客さまが千人いれば、千通りのご要望があります。基本のルールは順守しつつ、**当意即妙**な対応を心がけてください」

解説

通り一遍、杓子定規ではなく、その場その場に応じた適切なアクションはビジネスの基本。「当意」は、いろいろと工夫し、最適な対応をすること。「即妙」は、機転・すぐに思いつく。類語に「臨機応変（りんきおうへん）」、英語では「ケース・バイ・ケース」。スピード感を出すなら「間不容髪（かんふようはつ）」……「間髪容れず」。

着眼大局

【ちゃくがんたいきょく】

よくあるスピーチ

「仕事を進める秘訣は、大きな視点で物事をとらえながらも、今すぐできる具体的な作業を積み重ねていきましょう」

四字熟語を使うと…心に残るスピーチへ！

「〝**着眼大局**・着手小局〟という言葉があります。大きな視点で物事をとらえながらも、今すぐできる具体的な作業を積み重ねていきましょう」

解説

「大局」は小さな局（局面）ではなく物事の全体。「着眼」は有益・有望・重大な点を見逃さず、きちんと目を付けること。また「着手小局（ちゃくしゅしょうきょく）」は、小さなことから実行に移すことを言い、「着眼大局・着手小局」＝大きく問題点をとらえ、具体的な小さな仕事から着手することは、仕事の極意とされる。

一竜一猪

【いちりょう（りゅう）いっちょ】

よくあるスピーチ

「入学おめでとう！　遊びも大事な学びではあるが、本分は学業。卒業するとき、努力して良かったと喜ぶか、戻らない時間を悔しがるかは君次第だからね」

四字熟語を使うと…心に残るスピーチへ！

「入学おめでとう！　遊びも大事な学びではあるが、本分は学業。卒業するとき、〝**一竜一猪**〟の意味をかみしめて喜ぶか、戻らない時間を悔しがるかは君次第だからね」

解説

天翔ける「竜」は霊獣のひとつで、成功者の象徴。それに比べ、ここでいう「猪」は豚をさし、無知蒙昧な愚者を意味する。竜になるか猪になるかは自分次第、よく学び努力を欠かさない人は竜に、サボることしか考えず、学びから遠ざかる人は猪になるのは自明の理。ただし、元から竜、元から猪ではないのだから誰にでも可能性は同等。

● 入学・進学　苦労しながらも勉学に励む若者へ

苦学力行【くがくりっこう】

よくあるスピーチ

「新聞奨学生になった君は、あえて苦しい道を選んだ強者だ！
これから大変な日常が待っているだろうが、四年後の君に鋼の心を授けてくれるだろう」

四字熟語を使うと…心に残るスピーチへ！

「新聞奨学生になった君は、あえて**苦学力行**を選んだ強者だ！　これから大変な日常が待っているだろうが、四年後の君に鋼の心を授けてくれるだろう」

解説

自分の学費を自分で調達しながら、学業にも手を抜かない。学生にはもちろん、苦労の末に身に付けた技能が表彰されたときにも使える賞賛の熟語。

学費はともあれ、苦学を表す言葉はほかに、「蛍雪之功（けいせつのこう）」「蛍窓雪案（けいそうせつあん）」「懸頭刺股（けんとうしこ）」など。

● 入学・進学 ― 学校の勉強だけで終わってほしくない！と思ったときに

知恵分別 【ちえぶんべつ】

よくあるスピーチ

「専門分野の学識を積むことも大事だが、まもなく成人になる君には、ぜひそれ以外のことも学んでほしい」

四字熟語を使うと…心に残るスピーチへ！

「専門分野の学識を積むことも大事だが、まもなく成人になる君には、ぜひ**知恵分別**を学んでほしい」

解説

「知恵」も「分別」も、物事の筋道。あるべき姿をよく理解して、適切に判断して対処できる力を指す。つまり、学校で教えられる知識・学識ではなく、世間で生活しながら学ぶもの。同じような社会人の必須項目に、「家事万般（かじばんぱん）」「冠婚葬祭（かんこんそうさい）」「質素倹約（しっそけんやく）」などが。

●入学・進学―最後までやり遂げてほしいとの願いを込めて

断機之戒

【だんきのいましめ】

よくあるスピーチ

「進級おめでとう！　あなたが中退するって言いだしたとき、一生懸命に説得した甲斐があったわ」

四字熟語を使うと…心に残るスピーチへ！

「進級おめでとう！　あなたが中退するって言いだしたとき、〝**断機之戒**〟の話をして説得した甲斐があったわ」

解説

「孟母三遷（もうぼさんせん）」でおなじみの、中国・戦国時代の思想家・孟子（もうし）の母の戒め。孟子が学業の途中で帰省した際、孟子の母は織りかけの布の糸をブチッと切って、「学問も途中で投げ出したんじゃ、この未完成の布と同じ！」と戒めたのだとか。

そこから、「学問をはじめ物事は途中で投げ出してはいけない」の意に。

油断大敵

【ゆだんたいてき】

よくあるスピーチ

「年末年始休暇を満喫して、仕事モードに切り替わっていないかもしれません。注意散漫で失敗することのないよう、毎日の積み重ねを大切にしてまいりましょう」

四字熟語を使うと…心に残るスピーチへ！

「私たちが年末年始休暇を満喫していた間も、比叡山では〝**油断大敵**〟、油は足され続けていたのです。我々も見習って、毎日の積み重ねを大切にしてまいりましょう」

解説

たゆまぬ努力を怠ってしまうことへの注意喚起。
語源のひとつと言われるのが、比叡山延暦寺・根本中堂の法灯で、開祖の最澄の時代から灯り続けている。つまり千二百年もの間、毎日僧侶が欠かさず油を注いでいた結果。
そこから「注意散漫になると失敗しがちなので、常に緊張感をもって気をつけて！」の意に。

●仕事始め　時代の流れを盛り込む

千変万化

【せんぺんばんか】

よくあるスピーチ

「変化の激しい時代、今年がどんな一年になるか誰にもわかりません！ですが、社員一同で柔軟に乗り越えてまいりましょう！」

四字熟語を使うと…心に残るスピーチへ！

「**千変万化**の時代、今年がどんな一年になるか誰にもわかりません！ですが、社員一同で柔軟に乗り越えてまいりましょう！」

解説

「千」「万」は、数が多いことで、それだけたくさんの「変化」が訪れ、状況・局面が定まることがない、常に変化し続ける。姿や形が変わる場合は「変態百出（へんたいひゃくしゅつ）」、世の中の移り変わりは「飛花落葉（ひからくよう）」、哲学的に表現するなら「万物流転（ばんぶつるてん）」。対義語は「一本調子（いっぽんぢょうし）」。

● 仕事始め ― 業界の展望を織り交ぜる

優勝劣敗【ゆうしょうれっぱい】

よくあるスピーチ

「業界全体が冷え込んで、今年も厳しい状況ですが、私たちは新規事業を軌道に乗せて勝ち残りましょう!」

四字熟語を使うと…心に残るスピーチへ!

「業界全体が冷え込んで、今年も厳しい状況です。だからこそ**優勝劣敗**、私たちは新規事業を軌道に乗せて勝ち残りましょう!」

解説

よく知られている四字熟語のひとつ「弱肉強食(じゃくにくきょうしょく)」や、ダーウィンの有名な学説「自然淘汰(しぜんとうた)」と同じ意味合い。環境・境遇に順応した強者が生き抜き、弱者は滅びる。

対義語は「共存共栄(きょうそんきょうえい)」で、強者も弱者も滅びない。

● 仕事始め ── 新しい年の始まりに新たな目標と共に

不言実行

【ふげんじっこう】

よくあるスピーチ

「入社二年目に入る今年の目標は〝文句を言わない〟です! とはいえ〝ほうれんそう〟……報告・連絡・相談は、欠かさずいたしますのでご安心ください!」

四字熟語を使うと…心に残るスピーチへ!

「入社二年目に入る今年の目標は〝**不言実行**〟です! とはいえ〝ほうれんそう〟……報告・連絡・相談は、欠かさず〝有言実行〟いたしますのでご安心ください!」

解説

「不言」は口に出さないこと。文句をまくしたて理屈をこねることなく、黙ってなすべきことを「実行」すること。

「有言実行(ゆうげんじっこう)」のほうがメジャーであるが、「不言実行」をアレンジしてできた言葉でこちらが先輩。類語に「訥言敏行(とつげんびんこう)」。

● 結婚式 ― スピーチの定番として押さえておきたい

未来永劫【みらいえいごう】

よくあるスピーチ

「お二人は様々な困難を乗り越え、今日の佳き日を迎えられました。今日のお二人の幸せがいつまでも続くことを祈ってやみません」

四字熟語を使うと…心に残るスピーチへ！

「お二人は様々な困難を乗り越え、今日の佳き日を迎えられました。今日のお二人の幸せが**未来永劫**続くことを祈ってやみません」

解説

結婚式は、永遠の愛を誓う厳粛な儀式。だから「未来永劫」という、重みをもつ言葉が似つかわしい。「永劫」の「劫」は仏語で、非常に長い時間、無限の時間のこと。逆に、極めて短い時間は「刹那」で、結婚にはふさわしいとは言えない。

類語に「来来世世（らいらいせせ）」「万劫末代（まんごうまつだい）」など。

●結婚式 ～ 夫婦の先輩として

比翼連理【ひよくれんり】

よくあるスピーチ

「今でこそ仲良し夫婦と言われる私たちだけど、新婚時代は喧嘩ばっかりでね。仲直りの仕方がプロだから、いつでも駆け込んでいらっしゃい」

四字熟語を使うと…心に残るスピーチへ！

「今でこそ**比翼連理**と言われる私たち夫婦だけど、新婚時代は喧嘩ばっかりでね。仲直りの仕方がプロだから、いつでも駆け込んでいらっしゃい」

解説

相思相愛、夫婦が深く愛し合うさまを表現する四字熟語は「琴瑟相和（きんしつあいわす）」「偕老同穴（かいろうどうけつ）」など多いが、こちらは動植物にたとえた。「比翼」は雌雄の鳥で目と翼が一つずつしかなく、いつも一緒に飛ぶという伝説の鳥。「連理」は、元は別々の木であるが、枝や幹が途中で合体したもの。出典は楊貴妃と玄宗皇帝を題材にした『長恨歌』で実は悲恋の漢詩。

異体同心 【いたいどうしん】

よくあるスピーチ

「夫婦の体は別々ですが、常にお互い〝愛情〟という同じ心でつながっていてくださいね」

四字熟語を使うと…心に残るスピーチへ！

「〝**異体同心**〟の教えのとおり、夫婦の体は別々ですが、常にお互い〝愛情〟という同じ心でつながっていてくださいね」

解説

「異体」体は別々であっても、「同心」心はいつだってひとつで通じ合っている。夫婦以外にも、子弟、友人、兄弟にも用いる。

反対に「同床異夢（どうしょういむ）」は、枕を並べて同じ床に眠っていても、まったく違う夢を見る……近しい間柄で行動はともにしながら、別の考えを持っていること。

●結婚式～仲人への感謝を伝える場合

月下氷人

【げっかひょうじん】

よくあるスピーチ

「こうして今日という日を迎えることができたのは、私たち二人をあたたかく見守り、指導してくださった恩師のおかげにほかなりません」

四字熟語を使うと…心に残るスピーチへ！

「こうして今日という日を迎えることができたのは、私たち二人をあたたかく見守り、指導してくださった、恩師でもある**月下氷人**のおかげにほかなりません」

解説

唐時代の中国、旅行中の韋固（いご）という青年は、ある夜、月あかりを頼りに本を読む老人に出会った。老人は幼い女の子を韋固の将来の妻と予言。十四年後、韋固はその子と結ばれた……この故事から生まれた言葉で、「月下老人」とも。

「氷人」は結婚の世話をする故事に由来する言葉で、二つの故事が合成されて「月下氷人」となった。

幽明異境

【ゆうめいいきょう】

よくあるスピーチ

「先生の研究は、私ども教え子が引き継がせていただきます。どうぞ天国から私たちをお見守りください」

四字熟語を使うと…心に残るスピーチへ！

「先生の研究は、私ども教え子が引き継がせていただきます。どうぞ**幽明異境**の地から私たちをお見守りください」

解説

弔辞で用いられることが多い熟語で、「幽」は死後の世界、「明」は生者の世界、「異境」は住む世界が異なること。「幽明境を異にす」と表現する場合も多々。

お悔やみの四字熟語はほかに、「広宵大暮（こうしょうたいぼ）」死者がもう戻ってこない悲しみ、「落落晨星（らくらくしんせい）」友人が次々と死んでしまい寂しくなる、など。

●葬儀｜心置きなく旅立っていけたようす

含笑入地【がんしょうにゅうち】

よくあるスピーチ

「なんて穏やかなお顔……。
ずっと気にかけておられた事業の後継者も決まったからでしょうね」

四字熟語を使うと…心に残るスピーチへ！

「なんて穏やかなお顔……。ずっと気にかけておられた事業の後継者も決まって、**含笑入地**なさったのでしょうね」

解説

「入地」は土葬のこと。「今生になんの悔いを残さず、笑いながら悠々と土の中へ」の意。
同じ「死」でも状況や死者の立場により表現は異なり、「異域之鬼（いいきのき）」外国で死亡、「肝脳塗地（かんのうちにまみる）」戦場で無残な死、「宮車晏駕（きゅうしゃあんが）」天子の死、「白玉楼中（はくぎょくろうちゅう）」文人の死、など。

美人薄命 【びじんはくめい】

よくあるスピーチ

「まだ三十歳なのに……。美しい老婦人になった彼女を見たかったわ」

四字熟語を使うと…心に残るスピーチへ！

「まだ三十歳なんて、ほんとうに**美人薄命**の文字どおりの人生を歩んで……。でも、美しい老婦人になった彼女を見たかったわ」

解説

「天は二物を与えず」からなのか、美しい女性は運命に翻弄されて不幸になったり、病をえて長寿に恵まれないという説が根強くある。「佳人薄命（かじんはくめい）」とも。

ほかにも「蘭摧玉折（らんさいぎょくせつ）」……「蘭摧」蘭の花が散って「玉折」貴重な玉が砕ける＝美人や賢人の死のこと。

●葬儀　安らかな最期だったとき

極楽往生

【ごくらくおうじょう】

よくあるスピーチ

「長く入院しておりました父ですが、最期は家族全員に見守られて、安らかに旅立ちました」

四字熟語を使うと…心に残るスピーチへ！

「長く入院しておりました父ですが、最期は家族全員に見守られて**極楽往生**、安らかに旅立ちました」

解説

安らかに亡くなることのたとえ。「極楽」は仏教における「極楽浄土」のことで、西に向かって十万億土の彼方、阿弥陀仏がおわす苦しみがいっさいない世界のこと。「往生」は死後、極楽浄土に生まれ変わること。同じく死後に極楽に生まれ変わる表現に「後生菩提(ごしょうぼだい)」「蓮華往生（れんげおうじょう）」が。

画数の多い漢字の四字熟語

目が痛くなりそうな四字熟語。スラスラ書けられるようになったらスゴイ！

麤枝大葉 【そしたいよう】	細かいルールやテクニックは無視して、自由に書き綴った文章のたとえ。その他、細かいことにこだわらない様子。
鸞翔鳳集 【らんしょうほうしゅう】	「鸞」も「鳳」も伝説上の霊鳥。この霊鳥たちが集まってくること＝優れた才能を持つ人物が集まってくること。
魑魅魍魎 【ちみもうりょう】	「魑魅」は山の化け物、「魍魎」は水の化け物。化け物の総称であると同時に、私利私欲に走り、悪事をたくらむ人間を意味する。
鬱鬱怱怱 【うつうつそうそう】	木が茂るさま「鬱葱（うっそう）」を強調した表現。草木が元気よく育って繁ことから、おめでたい空気に満ちた様子を指す。
鑿窓啓牖 【さくそうけいゆう】	窓を開けて、たくさんの外の光を取り入れる＝多くを学び、知識・見識を広めること。
糶糴斂散 【ちょうてきれんさん】	政府が豊作の年には米をたくさん買って保管し、凶作になったら安く販売する中国春秋時代にスタートした政策。
懲羹吹膾 【ちょうこうすいかい】	一度の失敗なのに、必要以上に用心すること。「羹(吸い物）の熱さに懲りて、冷えた膾（なます）まで吹いて食べる」の意。
驥服塩車 【きふくえんしゃ】	優秀であるにも関わらず、その能力に見合わない低い地位に置かれ、誰にでもできる仕事をさせられること。
躊躇逡巡 【ちゅうちょしゅんじゅん】	ぐずぐずと決心がつかず、ためらっていること。対義語は「即断即決（そくだんそっけつ）」。
羹藜含糗 【こうれいがんきゅう】	粗末な食事。「雑草のアカザ（藜）を吸い物（羹）を食べ、干し飯（糗）を口に含む」の意。

第5章

1秒で書ける四字熟語

四字熟語が虫食い状態で登場します。
一秒ではたしてどこまで埋めることができるでしょうか?
フレーズから意味を連想しながら漢字を考えてみて下さい。

兄は大学卒業後も就職せず、
□耕硯田《ひっこうけんでん》の暮らしを目指して、
新人賞に応募する小説に
昼夜問わず取り組んでおります

空欄には次のうちどれが入るでしょう？

必　筆　匹　秘

正解　□…筆

「筆耕硯田（ひっこうけんでん）」

農夫が田の手入れをして作物を実らせて暮らすように、筆で硯の田を耕すことで生活を営む……つまり、文章によって生計を立てる小説家、詩人などのこと。

女性の作家は「閨秀作家（けいしゅうさっか）」とも。ただし「筆耕料」は小説のギャラではなく、結婚式の席次表や賞状などの代筆料金をさす。

この度は医学部合格おめでとう！
□手仏心《きしゅぶっしん》を胸に刻んで、
多くの患者さんを助けられる
外科医になってください

空欄には次のうちどれが入るでしょう？

鬼　気　機　来

正解　□…鬼

「鬼手仏心（きしゅぶっしん）」

外科医の心得を説いた言葉。人の体を鋭利なメスで切る様子は、まさに「鬼の手」。しかし患者を治したい一心の「仏の心」が、そんな「鬼の手」を動かしているのだ、それこそが外科医である……という教え。

そのほか、小渕元首相が所信表明演説で口にした言葉としても脚光を浴びた。

これまでは図書館通いが日課で、
読□尚友《どくしょしょうゆう》で過ごしてまいりましたが、
これからはウォーキング同好会の皆さまと
仲よくさせていただければと思います

空欄には次のうちどれが入るでしょう？

所　諸　緒　書

正解　□…書

**「読書尚友
（どくしょしょうゆう）」**

「尚」は、過去にさかのぼること。古い時代の偉人たちが書いた本をひもとくことで、かつての賢人たちを友にできる……読書の大きな喜び！

「読書」を含んだ四字熟語にはほかに「読書三到（さんとう）」「読書三余（さんよ）」「読書百遍（ひゃっぺん）」など、本好きなら納得の語句が多数。

専業主婦一筋四十年！
長年の洒掃薪□《さいそうしんすい》の労に酬いてもらうべく、夫の定年後に旅行の約束をとりつけましたが、どうなることやら……

空欄には次のうちどれが入るでしょう？

粋　水　炊　吹

正解　□…水

「洒掃薪水（さいそうしんすい）」

「洒掃」は水で洗い清めてほこりをはらう掃除、「薪水」は薪を拾い水汲みして行う「煮炊き」、両方合わせて家事全般のこと。「灑掃薪水」とも表記する。

ちなみに「灑掃応対（さいそうおうたい）」は、「灑掃」＝掃除に加え、「応対」＝人への受け答え＝礼儀作法の二つを意味する言葉。

□花爛漫というけれど、
たった十日ほどのこの時のため、
桜守の方は一年じゅう桜の保護や育成を
なさっているのだから頭が下がります

空欄には次のうちどれが入るでしょう？

春　桜　梅　華

正解　□…桜

「桜花爛漫
（おうからんまん）」

まさに日本人のための四字熟語。春、桜が満開のときを迎え、みごとに咲き誇っている様子。

花の名前の入った四字熟語はほかに「芝蘭之交（しらんのまじわり）」「人面桃花（じんめんとうか）」「泥中之蓮（でいちゅうのはす）」「桃李成蹊（とうりせいけい）」など。

今年はもう三月だというのに、ちっとも暖かくならなくて……。せめて、三寒□温になってくれればと思いますね

空欄には次のうちどれが入るでしょう？

一　二　三　四

正解　□…四

「三寒四温（さんかんしおん）」

冬の季語。冬は寒い日が三日連続し、そのあとの四日は暖かく、この周期をくりかえすうちに、徐々に春に向かうことを表現。

漢数字の入った四字熟語はほかに「一石二鳥（いっせきにちょう）」「二束三文（にそくさんもん）」「朝三暮四（ちょうさんぼし）」「四分五裂（しぶんごれつ）」など多数。

□年一日っていうけれど、
同窓会に来たみんなが、
学生の時と全然変わってなくて
うれしいわ

空欄には次のうちどれが入るでしょう？

十　百　千　万

正解　□…十

「十年一日（じゅうねんいちじつ）」

長い年月を経たにもかかわらず、変わっていないことの表現。「十年」は、長期間を象徴する言葉。

他にも「十年」を含む四字熟語に「十年一昔（じゅうねんひとむかし）」「十年一剣（じゅうねんいっけん）」「韻鏡十年（いんきょうじゅうねん）」「苦節十年（くせつじゅうねん）」などがある。

鎌倉時代にはもう
□月無礼という言葉があって、
すでにクールビズの考え方があった
そうだからびっくりだよね

空欄には次のうちどれが入るでしょう？

五　六　七　八

正解　□…六

「六月無礼（ろくがつぶれい）」

陰暦六月、新暦では六月下旬から八月上旬の酷暑期、服装を簡略化しても無礼をとがめられなかったことに由来。鎌倉時代の軍記物語『平家物語』にも登場する表現。

そのほか、月ごとの暮らしが連想される四字熟語に「九月蚊帳（くがつがや）」など。

自分ひとりで
大きくなったような顔をする奴は、
本当の大人ではない。
報本□□《ほうほんはんし》、この言葉の意味がやっと
わかるようになりました

空欄には次のうちどれが入るでしょう？

藩士　半紙

半死　反始

正解　□…反始

「報本反始（ほうほんはんし）」

自分のルーツを尊び、天地に感謝し、その恩に報いることの大切さ、自分の根本に立ち返ることの重要性を教える四字熟語。「本」は天地、「始」は祖先のことで、「報」「反」は受けた恩にふさわしい恩返しの意。

「反始」を「反初」と書き間違えないよう注意して。

御社とのお取引によって、
低迷を続けていた新商品販売に
弾みがつきました。
まさに「一陽□□《いちようらいふく》」、それ以上の
「一陽来福」と、社員一同感謝にたえません

空欄には次のうちどれが入るでしょう？

来復　雷福

来副　雷吹

正解　□…来復

「一陽来復（いちようらいふく）」

長い冬が明け、あたたかな春の日差しが差し込むイメージで、苦難や凶事から抜け出し好転の兆しを表現するときや、「冬至」を意味する場合もある。

縁起かつぎで「来復」を「来福」と畳みかけられるのは、メールや手紙など目読メディアの醍醐味。

念願叶い、御尊顔を拝し奉り、
□□至極《きょうえつしごく》に存じます。
いやー、時代小説の巨匠とお会いできて
感激です！

空欄には次のうちどれが入るでしょう？

恭悦　**恐悦**

凶越　**響越**

正解　□…恐悦

「恐悦至極
（きょうえつしごく）」

最上の敬意を表明する表現で、「恐悦」は「かしこまって喜ぶ」、「至極」は「このうえない」。

目上の人から思いやりにあふれた対応をしていただき、「心から光栄に思っている」「感謝してもしきれない」という思いを伝えるときに使用。

クラシックな雰囲気を醸す言葉なので、連発すると時代劇風に……。

一人暮らしはやはり大変ですが、
元気で暮らすことが、
□□全帰《ぜんせいぜんき》最高の親孝行と考え、
慣れない自炊にチャレンジしております

空欄には次のうちどれが入るでしょう？

全盛　**前世**

善政　**全生**

正解　□…全生

「全生全帰（ぜんせいぜんき）」

儒教の開祖・孔子の教えから。「人の体は親からもらったものという考えから、ずっと大切に、傷をつけることなく生きることが最大の親孝行である」の意。

「全」＝完全無欠、欠けがない。「帰」＝元に戻る。

私は酒に飲まれ、部下に対して
高圧的な態度を取ってしまいました。
他の管理職への戒めにするためにも
□□百戒、厳しいご処分を希望します

空欄には次のうちどれが入るでしょう？

一罰　十罰
百罰　千罰

正解　□…一罰

「一罰百戒（いちばつひゃっかい）」

あえて情状酌量に重きを置かずにキッチリと罰し、罪に手を染めたものは一人ではあるが、それに関連する多くの人が同じ過ちを犯さないように戒めとすること。

上に立つ人間は、常に「恩威並行（おんいへいこう）」……賞することと罰することを、過不足なく適切に与えることが大事。

今回の事故は、
すべて私の運転ミスによるものです。
大事なお子さまがけがを負われ、
許しがたいお気持ちは当然で、私は
ただただ□□負荊するばかりです

空欄には次のうちどれが入るでしょう？

肉祖　　肉担
肉袒　　肉但

正解　□…肉袒

「肉袒負荊（にくたんふけい）」

深く心から謝罪すること。「肉袒」＝服を脱いで上半身裸になる。「荊」＝罪人に使う荊（いばら）の鞭、「負荊」は荊の鞭を背負って罰を願うこと。

訓読は「肉袒して荊を負う」となる。

類語の「肉袒面縛（にくたんめんばく）」は、負けを認めて降伏し、勝者の部下にしてほしいと懇願すること。

すっかり酒に飲まれてしまい、
夜通し騒いで**軽挙□□**の数々……
言い訳の言葉もございません

空欄には次のうちどれが入るでしょう？

重厚　妄動

軽妙　妄想

正解　□…妄動

「軽挙妄動（けいきょもうどう）」

「軽挙」軽はずみで、「妄動」無分別ででたらめな行動をすること。「盲動」と書き間違いが多発なので要注意。

似たような言葉に「軽慮浅謀（けいりょせんぼう）」「直情径行（ちょくじょうけいこう）」、対義語は「深慮遠謀（しんりょえんぼう）」「克己復礼（こっきふくれい）」。

これまでさんざん
ご迷惑をおかけして……
信じていただけないかもしれませんが、
□□帰正を誓い、
今度こそ真人間に生まれ変わります

空欄には次のうちどれが入るでしょう？

改心　真心
翻邪　悪邪

正解　□…翻邪

「翻邪帰正（ほんじゃきしょう）」

仏教の言葉で、「邪（よこしま）を翻（ひるがえ）し正に帰す」と訓読する。悪い行いをやめて、正しいことをするように改心すること。

改心して再出発することは「改過自新（かいかじしん）」、反省・改心して善人になると誓うのは「呑刀刮腸（どんとうかっちょう）」。

クライアントの利益に貢献すると同時に、
社員の幸福が確保され、
社会への貢献にも役立つことなら、
□□□《ふへんだと》当《う》の良策です。
迷うことはありません

空欄には次のうちどれが入るでしょう？

不変妥　**普遍打**

不偏駄　**普遍妥**

正解　□…普遍妥

「普遍妥当（ふへんだとう）」

誰に対してでも、すべての物に、どんな時でも当てはまること。時間・空間・環境に左右されない。「普遍妥当性」特定の条件に左右されず、どんな場合にも「真」であり、いつどこででも承認されることが当然の性質。

これに対し、普遍妥当性を疑う立場や姿勢を「懐疑主義」と言う。

対応策を急ぐお気持ちはわかりますが、
今は□□□行《じゅくりょだんこう》が肝要です！
なぜ今回失敗したのかしっかり検討して
から、確実な一歩を踏み出しましょう

空欄には次のうちどれが入るでしょう？

熟慮段　熟慮断

熟慮談　熟慮弾

正解　□…熟慮断

「熟慮断行
（じゅくりょだんこう）」

「熟慮」したうえで、思い切って行動に移すこと。

人生もビジネスも「即断即決」にはリスクがつきもので、「良知良能（りょうちりょうのう）」生まれながらに持っている才能や知恵を使って、「一球入魂（いっきゅうにゅうこん）」で確実に勝利をつかむ……それが大人の戦略というもの。

一□□□《いちだくせんきん》という言葉もございます。
内々に約束をしておきながら、
今さら白紙撤回では
わが社の信用にかかわります！

空欄には次のうちどれが入るでしょう？

諾千金　**濁千金**

抱千金　**鐸千金**

正解　□…諾千金

「一諾千金（いちだくせんきん）」

一度約束した限りは、千金に値するほど重いものだ。決して約束を軽んじてはいけない。

それでも「そうでしたっけ？」ととぼけるようなら、「一口両舌（いっこうりょうぜつ）」……「この二枚舌め！」、「大逆無道（たいぎゃくむどう）」……「人でなしっ！」と怒号が飛んでくること必至。

こんなに素敵な女性はもういないって
思うなら、プロポーズしたら？
ここが人生最大の
一□□□《いちろくしょうぶ》なんだよ！

空欄には次のうちどれが入るでしょう？

六菖蒲　**六勝負**

六尚武　**六昭府**

正解　□…六勝負

「一六勝負
（いちろくしょうぶ）」

「一六」は、サイコロを使った博打で、サイコロの目に一が出るか六が出るかを賭ける。どんな目が出るのか知っているのは天のみの、のるかそるかの大勝負！

　それでもチャレンジしないことには、勝利は永遠につかめない。一六勝負もまた「真剣勝負」。

今日は御社の暑気払いにお招きいただきまして、誠にありがとうございました。下手な歌で〝お耳汚し〟してしまい、汗顔の至りです。□□□題、次回ミーティングの件でございますが……

空欄には次のうちどれが入るでしょう？

閑話休　緩和急
漢和休　感話旧

正解　□…閑話休

「閑話休題（かんわきゅうだい）」

「閑話」無駄話、「休題」話を終わらせる、ということで、「無駄話はここまでにしておいて」「それはさておき」の意。

ところが昨今誤用が目立ち、「話を本筋から余談へそらすこと」という意味で使われる場合が。しかし、それ以前にこの言葉を聞いたことも見たこともない人が六割に達すると、２００２年の「国語に関する世論調査」で判明。

小さな失敗で立ち止まるなんて、
時間が惜しいよ。
□□□空、成功するためには、
それしかないんだから

空欄には次のうちどれが入るでしょう？

十里一　百里一
千里一　万里一

正解　□…万里一

「万里一空（ばんりいっくう）」

目的だけを見据えて、ただひたすらに努力を重ねる。剣豪・宮本武蔵が記した『五輪書』にある、修行の果てに会得した境地。

世界は一つ空の下にあり、どこまでも同じ世界が広がる……冷静沈着に物事をとらえ、常に目標を見失わないこと。それができれば、後世に名を遺す偉人となれるが、凡人には「無理難題」。

人生にゲームセットはない。
いつだって捲□□□のチャンスがある。
それがまさに今なんだよ！

空欄には次のうちどれが入るでしょう？

地重来　風重来
土重来　空重来

正解　□…土重来

「捲土重来（けんどちょうらい）」

巻き起こった土煙「捲土」は、勢いの激しさの象徴。つまり、いわば敗者復活戦。一度ミスしたり敗れたものが、再び巻き返すこと。

「再起不能」と思われていて「捲土重来」したが、その結果は甦れないほど敗退の「一敗塗地（いっぱいとち）」？それとも圧勝で「鎧袖一触（がいしゅういっしょく）」？

苦労して入った
一流企業かもしれないけれど、
上司のパワハラが収まらないのなら、
□□□開《きょくめんだかい》策として
転職も考えるべきでは？

空欄には次のうちどれが入るでしょう？

局面打　曲面打

局面妥　曲面妥

正解　□…局面打

「局面打開（きょくめんだかい）」

「もう無理！」と八方ふさがりの状況になったとき、新しい道を探し解決に向かうこと。

「局面」とは、碁や将棋の盤面、もしくは勝負の情勢や物事の成り行き。「打開」は、困難な状態や行き詰まった状態から解決の糸口を見つけること。

類義語に「現状打破」、対義語は「現状維持」。

ただ今、開発部スタッフが一丸となり
□□□□《ししふんじん》の勢いで
仕上げにかかっておりますので、
必ずや期日までに納品させていただきます

空欄には次のうちどれが入るでしょう？

獅子奮迅　**志士奮迅**

四肢粉迅　**死屍糞迅**

正解　□…獅子奮迅

「獅子奮迅（ししふんじん）」

「獅子」は百獣の王・ライオン。「奮迅」は、すさまじい勢いで全力を尽くし、事をなそうとすること。

「獅子」は他に、「獅子搏兎（ししはくと）」……獅子が兎を捕まえるくらい簡単な事柄でも、すべての力を注ぐべきであるという教え……がある。

弊社の企業理念は
近江商人の時代から□□□□《しゅうしいっかん》、
〝売り手良し・買い手良し・
世間良し〟でございます

空欄には次のうちどれが入るでしょう？

収支一貫　**終止一貫**

終始一貫　**宗旨一貫**

正解　□…終始一貫

「終始一貫（しゅうしいっかん）」

始めから終わりまで、一つのことを貫き続けること。言うのは簡単であるが、始めから終わりまでの間には周囲の状況・人の見る目・経済状態など、さまざまなファクタが変化することが多々。

そんな中、「貫く」ことは、並大抵の努力ではないと、大人なら誰でも知っている。

どうしてもその高校に入学したいのなら、
今、このときから□□□□《いっしんふらん》に、
受験勉強にすべての時間を
ささげるしかないでしょう

空欄には次のうちどれが入るでしょう？

一心不乱　**一進不乱**

一芯不乱　**一神不乱**

正解　□…一心不乱

「一心不乱（いっしんふらん）」

心を乱さず、たった一つの事柄にのみ集中する。この「一」の字が重い意味を持っている。

同義語の「一意専心（いちいせんしん）」は、相撲の昇進伝達の口上で用いられたことも。そのほか、「一心一意（いっしんいちい）」「一心一向（いっしんいっこう）」。

新店舗が軌道に乗るまでは
試練の時と、
昼夜を問わず□□□□《がむしゃら》に
仕事に邁進してまいりました

空欄には次のうちどれが入るでしょう？

我武者羅　**臥武者羅**

我無者羅　**我武者等**

正解　□…我武者羅

「我武者羅（がむしゃら）」

「我武者」は当て字で、「我貪（がむさぼり）」が転化したものとか。

似た意味の言葉に「向こう見ず」「闇雲」「無鉄砲」「遮二無二」などがあり、このそうそうたる顔ぶれから、いかに大変なことかの想像がつく。目的のためには周囲の雑音は無視、ただひたすらに目的に向かっていくさまは悲壮感すら……。

〝□□□□！〟と発売前から
話題に上っていた新商品ですが、
前評判にたがわずヒット街道驀進中です

空欄には次のうちどれが入るでしょう？

空全絶後　空前絶語
空善絶後　空前絶後

正解　□…空前絶後

「空前絶後（くうぜんぜつご）」

「空前」は「前に空（むな）しい」……「前例がない」。「絶後」は「後は絶えて」……「後にも例がない」。つまり「後にも先にも例がない」となる。「未だかつて見たことがない」という意味で、「未曾有」「前代未聞」などがあるが、さらに将来的にもまずないだろうと思われるほどのすごさ・素晴らしさをさす。

昨年、弊社は経営のスリム化を断行し、守りに徹してまいりましたが、本年は□□□□をテーマに攻めの経営を展開いたします

空欄には次のうちどれが入るでしょう？

超絶怒濤　狂瀾怒濤
疾風怒濤　疾風勁草

正解　□…疾風怒濤

「疾風怒濤（しっぷうどとう）」

激しい時代のうねりを意味するが、語源となったドイツ語の「Sturm und Drang」を直訳すると「嵐と衝動」で少々趣を異にする。

元々18世紀後半に起こった文学革新運動をさし、ゲーテやシラーなどがその中心人物。この後、ロマン主義に移行していったことから、「時代の激変」を表現するようになった。

貴校におかれましては、多数の選手がオリンピック強化指定選手になられたうえ、数々の記録を塗り替えられたとのこと。まさに□□□□と心よりお慶び申し上げます

空欄には次のうちどれが入るでしょう？

百花花魁

百花繚乱

満花繚乱

万花錯乱

正解　□…百花繚乱

「百花繚乱（ひゃっかりょうらん）」

「百花」は文字どおり「たくさんの花」、「繚乱」とは「入り乱れること」で、美しい花々がたくさん咲き乱れていることをさす。

ここから転じて、優秀な人材がたくさん登場し、偉大な成果がたくさんもたらされることを意味するようになった。

あなたの作品は斬新な着眼点でありながら、仕上げは繊細の極み。審査員から「この作家は□□□□」との声も上がるほどでした

空欄には次のうちどれが入るでしょう？

非常之人　異常之人
非常識人　非常人間

正解　□…非常之人

「非常之人（ひじょうのひと）」

「非常」というと、「非常識」を連想するかもしれないが、こちらは「唯一無二の優れた能力」「レベルが群を抜いている」の意味。

「非常」は他に、「非常之功」……普通の人にはまねできないずば抜けた勲功……が。つまり、「非常之人」が手掛けた事柄は、「非常之功」となる。

参考文献

『美しい日本語の辞典』小学館辞典編集部編（小学館）
『オールカラー マンガで身につく！ 四字熟語辞典』青山由紀監修（ナツメ社）
『賢い人だと思われる四字熟語辞典』主婦の友社編（主婦の友社）
『【改訂新版】朝日新聞の用語の手引』朝日新聞社用語幹事編（朝日新聞出版）
『小学館 四字熟語を知る辞典』飯間浩明著（小学館）
『新明解四字熟語辞典 第二版』三省堂編修所監修（三省堂）
『すぐ使える！ 四字熟語 頭のよさは「語彙力」で決まる』齋藤孝著（ビジネス社）
『左見右見四字熟語』別役実著（大修館書店）
『ねこねこ日本史でよくわかる 四字熟語』福田智弘監修・そにしけんじ著（実業之日本社）
『文化庁国語課の勘違いしやすい日本語』文化庁国語課著（幻冬舎）
『四字熟語ときあかし辞典』円満字二郎著（研究社）

青春文庫

できる大人の教養

1秒で身につく四字熟語

四字熟語研究会[編]

青春出版社

はじめに

汚名返上、舌先三寸、小春日和……。

これらは文化庁の「国語に関する世論調査」で約半数が誤用していた四字熟語です。もしかしたら、〝汚名挽回〟や〝口先三寸〟と言っていたり、春に小春日和を使っている人もいるのでは？　それは漢字ドリルで機械的に覚えようとしていたからなのかもしれません。

とっつきにくい印象のある四字熟語ですが、成り立ちや漢字が意味することがわかれば、その奥深い世界はあなたの語彙の幅を広げてくれることでしょう。

四字熟語の使い道なんて、座右の銘くらいしか思いつかない？

そんなことはありません。

会話で、スピーチで、手紙で……。ぜひ、誰かへ向けて使ってみて

ください。たった漢字4文字でも、四字熟語があるだけで、その文字に込められた強い想いが伝わるはずです。

本書では、読み方、書き方、使い方があやふやな四字熟語を使える四字熟語に変えることができるようになっています。そのどれもがわずか一秒でできて、日常生活でも使えます。

今まで縁遠かった四字熟語が、本書で身につけていただけるとしたら、恐悦至極に存じます。

四字熟語研究会

目次

第2章 1秒で読める四字熟語

第3章　1秒で伝わる四字熟語

第5章 1秒で書ける四字熟語

本文イラスト／髙柳浩太郎　本文デザイン・DTP／黒田志麻　校正／鷗来堂

ほんとうのあなたに出逢う　青春文庫

1秒でつかむ 儲けのツボ

岩波貴士

発想、戦略、しくみづくりから売り出し方まで、一瞬でビジネスの視点が変わる「アイデア」を余すところなく紹介！

(SE-724)

ハーバード&ソルボンヌ大の最先端研究でわかった新常識

人は毛細血管から若返る

根来秀行

いくつになっても毛細血管は自分で増やせる！　今日からできる「毛細血管トレーニング」を大公開

(SE-725)

なぜ一流ほど歴史を学ぶのか

童門冬二

歴史を「いま」に生かす極意を歴史小説の第一人者が教える。出口治明氏との対談「歴史と私」も収録！

(SE-726)

できる大人の教養

1秒で身につく四字熟語

四字熟語研究会［編］

あやふやな知識が「使える語彙」へと進化する！　仕事で、雑談で、スピーチで、つい使いたくなる210ワード

(SE-727)

青春文庫

できる大人《おとな》の教養《きょうよう》
1秒《びょう》で身《み》につく四《よ》字《じ》熟《じゅく》語《ご》

2019年 7月20日 第1刷

編　者　四《よ》字《じ》熟《じゅく》語《ご》研究会《けんきゅうかい》
発行者　小澤源太郎
責任編集　株式会社プライム涌光
発行所　株式会社青春出版社
〒162-0056 東京都新宿区若松町 12-1
電話 03-3203-2850（編集部）
03-3207-1916（営業部）
振替番号 00190-7-98602
印刷／中央精版印刷
製本／フォーネット社
ISBN 978-4-413-09727-7
©Yojijyukugo kenkyukai 2019 Printed in Japan
万一、落丁、乱丁がありました節は、お取りかえします。
本書の内容の一部あるいは全部を無断で複写（コピー）することは著作権法上認められている場合を除き、禁じられています。